# 臺灣歷史與文化研究輯刊

三 編

第 3 冊

## 清代鳳山縣新舊城的比較研究

鄭晴芬 著

花木蘭文化出版社

國家圖書館出版品預行編目資料

清代鳳山縣新舊城的比較研究／鄭晴芬 著 — 初版 — 新北市：
花木蘭文化出版社，2013〔民102〕
目 2+148 面：19×26 公分
（臺灣歷史與文化研究輯刊 三編；第 3 冊）
ISBN：978-986-322-465-5（精裝）
1. 都市發展　2. 比較研究　3. 清代
733.08　　　　　　　　　　　　　　　　102017176

ISBN-978-986-322-465-5

9 789863 224655

臺灣歷史與文化研究輯刊
三　編　第三　冊　　　　　　　ISBN：978-986-322-465-5

## 清代鳳山縣新舊城的比較研究

作　　者　鄭晴芬
總 編 輯　杜潔祥
出　　版　花木蘭文化出版社
發 行 所　花木蘭文化出版社
發 行 人　高小娟
聯絡地址　235 新北市中和區中安街七二號十三樓
　　　　　電話：02-2923-1455／傳眞：02-2923-1452
網　　址　http://www.huamulan.tw 信箱 sut81518@gmail.com
印　　刷　普羅文化出版廣告事業
初　　版　2013 年 9 月
定　　價　三編　18 冊（精裝）新臺幣 40,000 元

# 清代鳳山縣新舊城的比較研究

鄭晴芬　著

作者簡介

鄭晴芬，國立中興大學歷史學系碩士班畢業。曾參與臺灣省議會第六至十屆省議長小傳及前傳
計畫助理，並曾任國史館臺灣文獻館數位典藏計畫研究助理。

提　　要

　　清代鳳山縣有兩個縣城，一個位在興隆庄（高雄市左營區），一個位在下陂頭街（高雄市鳳
山區），依照建立的時間而有新舊之分。本論文從形勢、位置、軍事地位、城池規畫比較兩城
的優劣，得出興隆舊城在位置偏僻、格局狹隘、城池規畫失當的情況下，不利於縣城發展，即
使改建堅固的石城依然被棄置不用。陂頭新城雖然屢遭動亂，卻因地當中道，格局開闊，位於
鳳山縣區域最中心的位置，東往下淡水區，北通臺灣府城，成為南路最繁榮的大城，並在打狗
開港以後與活躍的海上貿易相連結，成為鳳山縣整體經濟的重要一環。

目　次

表　次

## 圖　次

# 第一章　緒　論

## 一、研究動機與目的

「城以盛民也」，〔註1〕有「人」才會有城市的誕生。「城」中國文化的特殊產物，構成了漢文化圈人文地理的特有景觀。它在人類文化發展中佔有重要的地位，在政治歷史上曾起過巨大的作用。中國城主要是行政和文化的象徵，雖然因爲城牆而分割，但城內與城外居民的關係是共存而協調的。「城」主要是用來保護人民，城加上交通線可構築成一個文化之網。〔註2〕「城」具有如此多的特殊性，對於一地的人類發展，以及歷史進程有著顯著的影響，本論文研究動機即針對清代臺灣地方行政版圖「鳳山縣」，在歷史過程中曾經因設治而建築的兩座城池「興隆舊城」與「陂〔註3〕頭新城」，〔註4〕圍繞著「城」的發展核心，來進行多方面的比較與討論。

「城」主要涵蓋兩種意義，本指都邑四周防守的城垣，用來單指城牆本

〔註1〕　許慎，《說文解字》（北京市：九州出版社，2006年），頁1118。

〔註2〕　陳正祥，〈中國的城〉，收錄於：氏著，《中國文化地理》（臺北市：木鐸出版社，1985年），頁59。

〔註3〕　「陂」與「埤」相通，所以日後許多奏章文獻或文人抒寫常將「陂」記載爲「埤」，或將「下陂頭街」省略「下」字，稱爲「埤頭街」，但臺灣地名中稱爲「埤頭」者甚多，避免混淆，本研究敘述皆使用《鳳山縣志》中的正字「陂」，但引用文獻原文作「埤」者則照原文抒寫。關於「陂」與「埤」字義，請參照：曾玉昆，《高雄市地名探源（增訂版）》（高雄市：高雄市文獻委員會，2004再版），頁62。

〔註4〕　鳳山縣舊城原在興隆庄，本文敘述皆簡稱爲「興隆舊城」，鳳山縣新城原在「下陂頭街」，本文則簡稱爲「陂頭新城」，以相互對應。

身，另一種延伸義則為「都邑」範圍，也就是城牆所畫定的城址範圍，即實施治理的地方行政機構的區域範圍。本研究所指涉的鳳山縣城則是以延伸義為主，針對鳳山縣行政機構設置區域範圍的改變，以新舊兩城作為比較的對象。城牆的研究雖也包含在本研究內，但並非主要的討論對象。

「鳳山縣」是清代將臺灣納入版圖以後的一個行政區名稱，在康熙五十三年（1714）時範圍是「東至淡水溪、西至打鼓仔巷、南至沙馬磯頭、北至二贊行溪。」〔註5〕淡水溪也稱下淡水溪是今日的高屏溪，西面抵達的打鼓仔巷，就是今日壽山附近濱海地區，而南方的終點則是沙馬磯頭（貓鼻頭），二贊行溪則為今日二仁溪。鳳山縣的轄區大致上來說，即為今日高雄市、屏東縣市的範圍。《鳳山縣志》中提到東至淡水溪，但實際上下淡水溪以西的區域在康熙五十八年（1719）因為當地的開發而新設了港東與港西兩里，所以鳳山縣的東界應該不以下淡水溪為終點，而是要延伸到屏東縣市的內部才是。〔註6〕

康熙二十三年（1684），清朝領有臺灣並設一府三縣，興隆庄〔註7〕因為形勢特出，距臺灣府城近，又可控扼打鼓港，且為明鄭軍屯的故地〔註8〕，於是成為鳳山縣治的所在。設治之初，草萊未闢，縣官多滯留府城辦公，直到康熙四十三年（1705）才奉文歸治。清初「不築城」的消極治臺政策，導致設治時城池未建，直到康熙六十一年（1722）因為朱一貴事件的刺激，才有了土城的建築。乾隆五十三年（1788）林爽文事件後，興隆縣城受戰禍而殘破，遂決議將鳳山縣治遷往下陂頭街，於是有了鳳山新舊城之分。本論文緊扣「城」的主題，討論鳳山縣城的發展，並以鳳山縣城在嘉慶十二年（1807）再次遷城的決議下，但縣官與居民卻拖延未遷為引子，試圖從地理形勢與交通區位、軍事地位、城池規畫幾個項目中，對鳳山新舊城進行整體比較，另以咸豐十三年（1863）打狗開港後，新舊城面對新一波歷史發展的變化適應

〔註5〕 陳文達，《鳳山縣志》（臺北市：臺灣銀行經濟研究室，1961年），頁4。

〔註6〕 陳文達，《鳳山縣志》，頁25。

〔註7〕 關於興隆庄的「庄」，有寫為「莊」者，本研究以清代地圖中多以「庄」來表現此字，故在討論時遇到清代的「街庄」名時皆寫作「庄」以示統一。

〔註8〕 關於清代興隆舊城究竟是不是明鄭萬年縣治的故地，已有眾多學者針對此問題詳細討論，本論文持「萬年縣治在二贊行」，也就是位於今日臺南縣仁德鄉的說法，認為興隆舊城不是明鄭萬年縣治之所，但興隆舊城為明鄭宣毅左鎮的軍屯處則無庸置疑。關於萬年縣治所的相關討論，請參照：戴文鋒，《萬年縣治所考辨》（臺灣臺南：臺南縣政府，2009年）。

度來作比較，試圖通過這些比較理解當時人民對於新舊城的看法，以及主導遷治與構成最後決議的要鍵究竟爲何，期望找到清代鳳山縣治在兩地間游走的問題核心。

## 二、前人研究成果

　　關於前人研究清代鳳山縣的成果，在整體歷史發展方面，主要有許雪姬、劉淑芬、方惠芳三人所合作發表的〈清代鳳山縣的研究〉，文長一百五十餘頁，分爲三節講述「清代鳳山縣城的營建與遷移」、「清代的鳳山縣城（1684～1895）：一個縣城遷移的個案研究」、「清代綠旗兵在鳳山的防戍」，針對鳳山縣城的遷移、鳳山縣每階段的軍事防戍，以及各個動亂造成的影響有多處的探討，對於本論文理解鳳山縣築城、遷城及軍事演變上有相當的助益。〔註9〕

　　學位論文方面，張朝隆〈清朝鳳山縣治遷移之研究〉按照時間的順序，討論鳳山縣城的發展過程，分章節討論興隆庄與下陂頭街的發展以及遷城的決議和興隆舊城改建，最後總結鳳山縣城遷城的爭議，實是清代官員在陸防與海防政策上持不同意見所導致。蕭道明〈清代鳳山縣城的營建〉，以「築城」爲核心討論，從清初治臺的不築城政策展開，影響了鳳山縣城築城的歷史，並將興隆舊城改建爲磚石城的過程及經費籌措情況，與同時期彰化縣、淡水廳、嘉義縣城池的興築來作比較。以上兩篇論文一篇集中於鳳山縣「遷城問題」及另一篇則是在「城池營建」方面，各有其討論的核心，同時以鳳山縣城的歷史脈絡爲主幹，對本論文都提供了豐富的分析資料。〔註10〕

　　除了鳳山縣城整體發展的討論，另有針對新舊兩城各別討論的。興隆舊城位於今日高雄市左營區內，林佩諭的論文〈鳳山縣舊城及週遭聚落變遷之研究（1661～1970）〉，研究從清代到戰後，興隆舊城和週遭聚落的歷史變化。杜劍鋒《舊城滄桑——鳳山縣舊城建城180年懷舊》一書，則是以興隆磚石城完工的日期道光六年（1826）爲基準，在舊城建滿一百八十年之時，從整體上討論舊城從清代到當代的發展。劉益昌《歷史的左營腳步——從舊城考古談起》則是從年代更久遠的考古出土物出發，探討古高雄灣的自然形成，

〔註9〕　許雪姬、劉淑芬、方惠芳，〈清代鳳山縣的研究〉，《高雄文獻》第 23、24 期合刊（1985 年）。
〔註10〕張朝隆，〈清朝鳳山縣治遷移之研究〉（臺灣臺南：國立成功大學歷史學系碩士論文，2001 年）；蕭道明，〈清代鳳山縣城的營建〉（臺灣南投：國立暨南國際大學歷史學系碩士論文，2000 年）。

及興隆舊城附近考古出土關於史前時代和歷史時代的諸多遺跡與古物,進而
了解舊城歷史的發展過程。曾玉昆〈鳳山縣城建城史之探討〉的單篇論文,
詳細的記載興隆磚石城的建築過程,包括建築工法、城門命名的意義、城牆
的規格等,並討論舊城遺蹟遭受破壞後,在當代依照文化資產保存法給予修
復計畫的概要。張守眞〈左營興隆莊縣城淪爲舊城原因初探〉,從心理、環
境、經濟、教育文化等因素分析陂頭新城勝過興隆舊城的原因,但文中認爲
在蔡牽之亂後,縣城曾遷回舊城,到了咸豐三年(1853)林恭之亂後才遷回
新城的說法,與現今對鳳山縣城歷史的相關討論有所出入。不過其另一篇〈清
代鳳山縣舊城歷史回顧〉,則具啓發性的反駁興隆舊城改建完成後,未遷回
舊城辦公與風水有關的說法,知縣杜紹祁並非病故於任內,此說法疑有誤。
〔註11〕

　　陂頭新城位於今日高雄市鳳山區,相關的研究有簡炯仁〈清代鳳山縣最
大街市「下陂頭街」崛起初探〉和〈「鳳山縣城」的修築與鳳山市之研究〉,
前篇主要以下陂頭街在清代興起的過程爲主幹,依據當時鳳山縣的發展過
程,主張下陂頭街的崛起與下淡水區的開發有極大關係。後篇討論鳳山縣治
從興隆庄遷往下陂頭街是實至名歸的決定,針對新城的發展及興隆磚石城落
成後遲未遷治的狀況予以分析,得出與知縣病逝無關,是因爲新城的多項建
設改善後適於人居的結果。《高縣文獻》於 2008 年所推出的慶祝「鳳山建城
220 週年特輯」分歷史、地理、遺址、建築、水利、景觀、願景、文化各篇,
綜合討論關於陂頭新城的過去、現在及未來。羅千倫的論文〈軍事城寨的內
化與外擴——鳳山市街發展的研究〉,將時序拉長,討論從清代到日治時代,
甚至到戰後鳳山市街的發展與變化。陂頭新城因爲地理位置的重要,成爲重
要的軍事戰略地點,而在日治時代雖然因爲發展中心的位置被移往高雄港,
導致重要性下降,但陸軍基地的設立,則進一步將鳳山變成一個軍事城寨,

〔註11〕 林佩諭,〈鳳山縣舊城及週遭聚落變遷之研究(1661～1970)〉(臺灣臺南:
國立成功大學建築系碩士論文,2002 年);杜劍鋒,《舊城滄桑——鳳山縣
舊城建城 180 年懷舊》(高雄市:高雄市文獻委員會,2006 年);劉益昌,《歷
史的左營腳步——從舊城考古談起》(高雄市:高雄市政府文化局,2008 年);
曾玉昆,〈鳳山縣城建城史之探討〉,《高市文獻》第 9 卷第 1 期(1996 年);
張守眞,〈左營興隆莊縣城淪爲舊城原因初探〉,《高市文獻》第 10 卷第 1 期
(1997 年);張守眞〈清代鳳山縣舊城歷史回顧〉,收錄於:《南臺灣鄉土
文化」學術研討會論文集》(臺灣嘉義:國立中正大學歷史學系暨研究所,
2000 年)。

在戰後也延續著此功能，成為南部地區陸軍訓練的總部。〔註12〕

　　本論文比較鳳山縣新舊兩城，除了歷史發展過程，城池興築與城內建置也是一個主要課題。關於城池的建築，有許多的研究討論，周郁森〈清代臺灣城牆興築之研究〉與吉申君〈清代臺灣防禦性城市之建城原則〉兩篇論文，都在討論清代臺灣城池的建造，分析全臺各地城池的興建在選址上，受到政治、軍事、風水等因素的影響，以及各城池的發展史，和城內設施的設置規則，可以了解清代臺灣城池在建築過程中的通則，以及各城因地置宜的特殊性。黃琡玲〈臺灣清代城內官制建築研究〉則針對臺灣各城內的城內官制建築有詳細的研究，並剖析機構配置與風水座向的關係。〔註13〕

　　姜道章〈十八世紀及十九世紀臺灣營建的古城〉與黃健敏〈臺灣的城與堡〉算是早期研究臺灣城池的通論作品，討論清代臺灣各城的歷史發展與現況。劉淑芬〈清代臺灣的築城〉，則是以「竹城」作為臺灣城池的原型，並討論城池的選址和營建受到多項因素的影響，並介紹紳民在臺灣築城史上所扮演的重要角色。許雪姬〈臺灣竹城的研究〉則延續劉淑芬的研究，進一步討論「竹城」在臺灣建城史上發展與衰落的過程。溫振華〈清代臺灣的建城與防衛體系的演變〉，從清廷治臺政策跟隨防禦體系的階段性發展，如何反映到臺灣城池興建的歷史上來討論築城問題。洪健榮〈塑造境域「佳城」：清代臺灣設治築城的風水考量〉，則是由中國傳統的風水觀念出發，討論臺灣城池在選址或是建築上受到風水觀念的影響有多深，代表臺灣的築城與中國傳統上的連結。蕭道明〈民間社會與臺灣的築城運動（1810～1836）〉集中討論嘉慶末年到道光年間，臺灣民間自發性興起的築城運動。〔註14〕

〔註12〕簡炯仁，〈清代鳳山縣最大街市「下陂頭街」崛起初探〉，《高市文獻》第 15 卷第 2 期（2002 年 6 月）；簡炯仁，〈「鳳山縣城」的修築與鳳山市之研究〉，收錄於鄭永萍編《高雄研究學報：（2000 年）高雄研究研討會論文集》（高雄市：春暉出版社，2001 年）；《高縣文獻：鳳山建城 220 週年特輯》第 27 期（2008 年）；羅千倫，〈軍事城寨的內化與外擴——鳳山市街發展的研究〉（臺灣臺南：國立臺南大學臺灣文化研究所碩士論文，2008 年）。

〔註13〕周郁森，〈清代臺灣城牆興築之研究〉（臺灣臺南：國立成功大學建築學系碩士論文，2003 年）；吉申君，〈清代臺灣防禦性城市之建城原則〉（臺灣臺南：國立成功大學建築研究所碩士論文，2008 年）；黃琡玲〈臺灣清代城內官制建築研究〉（臺灣桃園：中原大學建築學系碩士論文，2001 年）。

〔註14〕姜道章，〈十八世紀及十九世紀臺灣營建的古城〉，《南洋大學學報》第 1 期（1967 年）；黃健敏，〈臺灣的城與堡〉，《建築師》第 5 卷第 5 期（1979 年）；劉淑芬，〈清代臺灣的築城〉，《食貨月刊》第 14 卷第 11、12 期（1985 年 3 月）；許雪

## 三、研究資料與研究方法

　　本論文主要研究的時間斷限為清代，主要運用的資料為清代的地方志，如《鳳山縣志》、《重修鳳山縣志》、《鳳山縣采訪冊》等關於當地記載詳細的基本史料。另外，官員上奏以及針對地方政策的命令，還有戰亂後的處置，則運用大量的實錄檔案，有《清聖祖實錄選輯》、《雍正硃批奏摺選輯》、《清仁宗實錄選輯》等。除此之外，關於各個時期不同官員和文人過臺處理公事，對臺灣的所見所聞予以記載的文人書籍，如《臺灣遊記》、《臺海使槎錄》、《臺灣采訪冊》等，也是了解當時文人過訪臺灣，留下臺灣印象的珍貴資料。而《平臺紀略》、《東征集》、《欽定平定臺灣紀略》等，關於臺灣發生戰禍的過程以及事後的處置，都有鉅細彌遺的描述，也是重要的材料。

　　除了上述清代的資料，還利用現代所編志書《鳳山市志》和辭書《臺灣地名辭書卷五：高雄縣（第二冊）》、《高雄市地名探源》來增進對鳳山縣古今地理方位的正確理解。在新舊城池現存的城內遺跡上，則參考《臺灣的城門與砲臺》、《鳳山縣城殘蹟調查研究》、《鳳山縣舊城調查研究》等調查報告，重建當時城池興建的工法及材料。

　　為了使本論文的推論與驗證更具客觀精神，採用大量清代文獻，並結合後人的現地的考察結果，所運用的資料已如上述。此外，本論文為求扣緊主題，除了以歸納法來進行討論外，還採用了比較史學的方法，運用鳳山新舊城在兩個對等的地位上：皆為清代鳳山縣治的所在，展開各方面的比較論述，試圖從詳細討論中，得出兩者在人居的合適度上，或是在設治上的優缺點，與鳳山縣城總體發展的歷程是否有正相關的影響。

## 四、章節安排

　　本論文包含緒論與結論，全部共分七章。第一章緒論，主要說明本論文的研究動機與目的，還有前人研究成果、研究資料的來源，以及本論文所採用的研究方法。

---

姬，〈臺灣竹城的研究〉，收錄於：黃康顯主編，《近代臺灣的社會發展與民族意識》（香港九龍：香港大學校外課程部，1987 年）：溫振華，〈清代臺灣的建城與防衛體系的演變〉，《國立臺灣師範大學歷史學報》第 13 期（1985 年）：洪健榮，〈塑造境域「佳城」：清代臺灣設治築城的風水考量〉，《臺北文獻》直字第 155 期（2006 年 3 月）：蕭道明，〈民間社會與臺灣的築城運動（1810～1836）〉，《臺灣風物》第 53 卷第 3 期（2003 年 9 月）。

　　第二章討論鳳山縣城的發展，從歷史時間的進程，講述鳳山縣城在興隆庄與下陂頭街更替流轉的情況。第一節興隆舊城時期，討論清領初期鳳山縣治原先在興隆庄與鳳山庄間擺盪，後來興隆庄勝出的原因及後來的歷史過程中，遭遇戰禍以及城池改建等各項重要大事。第二節陂頭新城時期，討論林爽文事件後，鳳山縣治遷往下陂頭街之後的縣城發展，並分析下陂頭街崛起的原因與下淡水區拓墾的關係，其如何成為鳳山縣內最大街市的過程。第三節縣城的遷移與定案，針對蔡牽事件影響縣城二度遷移的決議，導致拖延未遷的現象延續了四十年之久，歷經興隆磚石城的完工，以及曹公圳的興修，最後鳳山縣城定案於陂頭新城的過程。

　　第三章地理形勢與交通區位的比較，從形勢與位置討論，比較二城在地理環境上影響縣治發展的優劣。第一節新舊城的形勢與發展，針對二城週遭環境的配置，無論是山勢或是河港，如何影響建城的風水以及為戰略上的重要性加分。第二節則是交通位置上的比較，運用相關研究還原清代臺灣交通路線，先討論鳳山縣官道的形成，再試圖針對二城在交通道路網中位置的重要性比較二城的優劣，如何影響日後遷城因素中的「人群聚集」，進而對鳳山縣治的最後定案地點產生重大的影響。

　　第四章以發生在鳳山縣，並影響到興隆庄或下陂頭街的戰禍為分析關鍵，討論二城在軍事地位上的變化，並比較優劣。第一節先敘述影響鳳山縣城發展的七個戰事討論其造成的影響。第二節分析兩城遭受戰禍的次數與兵力部署的變化，試圖比較二城戰略地位的重要性與設治考量有多大關聯。

　　第五章城池規畫的比較，即以二城的城內建置為主題，比較城池的建築、規畫上有何優劣，並在行政、軍事、文教、經濟、宗教設施的比較中，企圖了解鳳山縣城選址，是受到何項因素的影響最大。第一節先討論興隆舊城的城制，包括兩次建城的材料，以及衙署、廟宇的規格、市街的數目，並還原當時的城池形狀兼討論舊城遺址在今日的保存情況。第二節討論陂頭新城的城制和縣城各項設施的規畫，其中較重要的是曹公圳對於新城排水系統的改造，對於人居的影響力相當大。第三節為二城城制的總體比較，從六項指標中比較優劣，最後分析何項指標的重要性才是鳳山縣城選址的關鍵。

　　第六章打狗開港與鳳山縣城地位的比較，主要是針對道光二十七年（1847）鳳山縣城確立在陂頭新城後至光緒二十年（1894）間，地方社會經濟受到打狗開港（1863）的影響，蓬勃的海外貿易，導致新一波市街的興起，

　　而新舊兩城在這種歷史劇變的環境下，與地方經濟的關聯度究竟為何，是被屏棄於外或是與之產生密切的關聯，這是本章中所要討論的重點。

　　第七章結論，總結上述各章節對於二城發展的比較與分析討論，以及本論文有待改進之處，以期後進能夠持續研究相關議題的討論。

# 第二章　鳳山縣城的發展

　　鳳山縣爲清領臺初期就設立的地方行政單位，鳳山縣城作爲鳳山縣的縣治所在，與清代臺灣發展擁有同樣的歷史軌跡。在這兩百多年的統治之中，鳳山縣治由於歷史發展過程受到動亂因素的影響，曾經從興隆庄遷移到下陂頭街，於是有了新舊城的分別。清初領臺的態度影響治臺政策的發展，鳳山縣治作爲臺灣府城以南最重要的行政中心及軍事中心，選址位置便顯得相當重要。清代對於臺灣的不信任，導致清領初期首重防海，使臺灣成爲護衛東南四省的屏障，興隆庄便在此時雀屏中選成爲鳳山縣治的地點。隨著臺灣的開發漸趨成熟，朱一貴事件與林爽文事件皆起於近山地帶，衝擊著清代統治方針與武力部署的轉向，爲因應臺灣本身而出的動亂，鳳山縣城乃遷移至下陂頭街成爲新治所在。本章前兩個小節即針對興隆舊城與陂頭新城，討論二者崛起的原因，以及成爲縣治後的重要發展。

　　嘉慶十年（1805）蔡牽事件的發展，導致後續新舊縣城延宕四十年的遷城之爭，歷經道光四年（1824）許尚與楊良斌事件，以及興隆舊城的改建，還有曹公圳的興築，鳳山縣城一直因爲上諭說法與官員實際辦公地點有所出入，所以遲遲無法確立縣城的所在地，直到道光二十七年（1847）縣城問題才獲得最終的排解。本章第三節即深入討論此段時期鳳山縣城的遷移問題，企圖理解其中錯綜複雜的各方觀點，並剖析歷史發展中最後影響鳳山縣城確立的關鍵因素。

# 第一節　興隆舊城時期（1684～1788）

　　康熙二十二年（1683）明鄭降將施琅帶領清朝軍隊，進攻位於臺灣搖搖欲墜的明鄭政權，清軍在澎湖一役大破明鄭海軍，決定了明鄭滅亡的命運，而後鄭克塽投降，威脅清朝的明鄭政權不再，全臺底定。〔註1〕清朝收服臺灣的反清勢力後，並不積極爭取治臺的機會，於是在全臺底定後遂有臺灣棄留的爭議出現。相較於施琅的力求保臺，清朝內部的許多聲音卻主張拋棄臺灣。原因不外是只重視中國的陸防而忽略海防，或是覺得臺灣太小距離中國又太遙遠，治理起來不方便，還有人提議「專守澎湖」，或是「遷其人，棄其地。」清政府對於征服臺灣的立場，主要是要消滅反清的勢力安定東南沿海的治安，一旦明鄭的威脅解除後，是否領有臺灣也就沒那麼重要了。施琅自己也說「臺灣一地，原屬化外，土番雜處，未入版圖也。」臺灣由於從未被中國歷代政權統治過，所以清朝也就覺得可有可無。〔註2〕即便如此，在施琅的力陳之下，清廷於康熙二十三年（1684）的四月正式將臺灣納入版圖，並設立統治機構以顯示皇權的觸角深入地方。

　　臺灣設立一府三縣，興隆庄為最南方鳳山縣的縣治所在地。施琅〈恭陳臺灣棄留疏〉中，認為應將臺灣納入版圖的主要論點就是臺灣可作為沿海四省的護衛，基於中國「海防」的要點，於是清廷才同意將臺灣納入版圖中。因為防臺而治臺的消極觀點，衍生而出縣城該設為何處的討論，要討論鳳山縣治的設治問題，則必須先了解鳳山縣規畫為地方行政區域的緣由。

## 一、「鳳山縣」名的由來

　　康熙二十三年（1684），臺灣畫分為一府三縣。鳳山縣的縣名由來，史籍中多說是因地形而命名。《鳳山縣志》提到：「設縣治於興隆庄，取其名曰鳳山；蓋因其地而稱也。」〔註3〕《重修鳳山縣志》也說：「南支轉內為赤山，……。其高起橫列為鳳山。旁有二小峰，形若飛鳳展翅（縣治命名取此）。」〔註4〕可見「鳳山縣」地名的由來，是因為有縣內有山稱為「鳳山」，觀察地形，其

---

〔註1〕 黃秀政，〈清代治臺政策的再檢討：以渡臺禁令為例〉，《文史學報》第 20 期（1990 年 3 月），頁 51。

〔註2〕 謝紀康，〈清季對臺政策的探討：從海禁到防臺〉，《臺南女院學報》第 24 卷第 2 期（2005 年 10 月），頁 517～518。

〔註3〕 陳文達，《鳳山縣志》（臺北市：臺灣銀行經濟研究室，1961 年），頁 3。

〔註4〕 王瑛曾，《重修鳳山縣志》（臺北市：臺灣銀行經濟研究室，1962 年），頁 15。

實是這些山勢的排列有如「飛鳳展翅」，風水的定義上甚爲吉祥，於是建議在此地建縣治：

> 隱伏二十里，經南赤山，爲鳳彈諸山，在赤山西南，有十數小山，
> 或高三四丈者，或高七八丈者不等，俱土山圓靜，在鳳山之後，形
> 如卵然，俗呼爲鳳卵；至盡處巍然高大者爲鳳山，在鳳彈山西。踞
> 其巔視之，其形如鳳，傍有兩山如翅，又有一崙戴硬石如鳳冠。另
> 有一崙向海至坑仔口如鼻，後有疊隅形如卵，故名鳳山。議建縣治
> 焉。〔註5〕

漢人重視風水的傳統，選擇福地冀求倡望統治綿長的心理明顯的反映在地方行政區域的命名與選址上，但統治者也喜歡攀附風水，製造統治權正統有如神助的假象，所以必須再深入了解「鳳山」之名起於何時。

根據《赤嵌集》所記：「臺地諸山，本無正名，皆從番語譯出。」〔註6〕說明臺灣山脈名稱多是由當時平埔族的發音所轉化翻譯出。日治時期伊能嘉矩親身走訪平埔族部落，採集到許多珍貴的口述資料，在 1900 年 8 月 9 日的日記中提到關於「鳳山」地名的由來，〔註7〕總結來說，鳳山縣治「興隆舊城」原是放索社的故居，以放索社（Pansoa）的近音，用吉字「鳳山」來替換。〔註8〕深入觀察伊能嘉矩所說的這段話，不難發現有前後上的矛盾。如果鳳山縣名的由來不是因爲「鳳山」這座山而來，而是因爲放索社（Pansoa）的音轉而來，那「鳳山」這座山名應該也和 Pansoa 有關，而非其所說，日後陂頭新城外剛好有一座山叫做鳳山，所以鳳山城的名稱才確定下來。應該是「鳳山縣」或是「鳳山」這座山的名稱，都是漢人從「Pansoa」的音轉，選吉字所替代才出現的正式名稱。

第一種認爲「鳳山縣」的名稱是跟隨「鳳山」這座山而來的說法，也引起後人的討論，認爲如果鳳山縣治是設在興隆庄，卻以離縣治三十里外的山丘作爲縣名，似乎有違當時府縣命名的原則。〔註9〕有學者討論，或許鳳山縣治一開始的規劃並不是在興隆庄，而是在鳳山庄，於是引發兩庄設治之爭的討論。

〔註5〕　蔣毓英，《臺灣府志》三種合刊本（北京市：中華書局，1985 年），頁 36。
〔註6〕　王瑛曾，《重修鳳山縣志》，頁 20。
〔註7〕　伊能嘉矩著、楊南郡譯註，《臺灣踏查日記（下）》（臺北市：遠流出版社，1996 年），頁 386。
〔註8〕　施添福總纂，《臺灣地名辭書卷五：高雄縣（第二冊）》，（南投市：臺灣省文獻委員會，2008 年），頁 317～318。
〔註9〕　鳳山市公所，《鳳山市志》（臺灣高雄：鳳山市公所，1987 年），頁 114。

## 二、鳳山庄與興隆庄設治之爭

　　「鳳山」兩字早在楊英的《從征實錄》中就已出現，其提到「以中衝、義武、左衝、前衝、遊兵等鎮札南路鳳山、觀音山屯墾。」〔註10〕在明鄭的拓墾中位於鳳山尾端的聚落，是南路重要軍事重鎮之一，又有陂圳，開發過程順利，人口眾多，在清領初期即已成庄。其距海不遠，可控扼海口，加上離漢番交界的下淡水汛又近，地理位置重要且拓墾環境良好，有經濟獨立的優勢，對於初闢的鳳山縣來說是設治的好地點。〔註11〕在蔣毓英的《臺灣府志》中就出現「鳳山縣城應設鳳山地方」〔註12〕的建議，似乎有意將縣治設在鳳山庄，但最後鳳山庄只設置了南路參將府，縣治實際上是在興隆庄。

　　興隆庄和鳳山庄的相爭有跡可尋，兩者都接近海口，且在明鄭時期就有開發的基礎。蔣志中提到「自大崗山南至沙馬磯頭山，包裹絡繹環抱鞏固則爲鳳山縣治。」〔註13〕此處的鳳山縣治指涉的是鳳山縣疆界的全部，並非單指「縣治」一地。前面提到在「鳳山」條目下，有「議建縣治焉」的字句，代表的可能是「鳳山」此地適合建縣治，此處似是指臨近的鳳山庄。〔註14〕

　　從蔣志中的幾點，可以看出縣治最先可能有設在鳳山附近的規畫，首先是在鳳山山脈的最後，寫著「議建縣治焉」，另外在規制的城郭條中，提到「鳳山縣城應設鳳山地方，今尚未建。」〔註15〕直接提議把縣治建在鳳山附近，而距離鳳山最近的已開發聚落當時就只有「鳳山庄」，而且南路營參將衙門當時是設在鳳山庄，〔註16〕對照之後的南路營參將署皆設在縣治所在地的規畫來看，鳳山庄即有可能是早先鳳山縣治規畫中的所在地，惟當時並未眞正定案。以舖舍來說，鳳山縣共有七舖，在縣治曰縣前舖，並未指出眞正的地點。〔註17〕到了高志的時候，縣前舖不見了，取而代之的是「興隆舖」，〔註18〕這顯現出蔣志當時鳳山縣治的所在地或許還在規劃討論中，尚未定

〔註10〕楊英，《從征實錄》，頁189～190。

〔註11〕張守眞，〈康熙領臺時期鳳山縣治設置問題探討〉，《高縣文獻》第11期（1991年11月），頁197～199。

〔註12〕蔣毓英，《臺灣府志》，頁113。

〔註13〕蔣毓英，《臺灣府志》，頁31。

〔註14〕蔣毓英，《臺灣府志》，頁36。

〔註15〕蔣毓英，《臺灣府志》，頁36、113。

〔註16〕蔣毓英，《臺灣府志》，頁116。

〔註17〕蔣毓英，《臺灣府志》，頁132。

〔註18〕高拱乾，《臺灣府志》三種合刊本（北京市：中華書局，1985年），頁511。

案，並且「鳳山庄」是最佳的地點。

　　另一方面觀察興隆庄特有形勢，「邑治旗、鼓兩峰，實天生之挺翠；龜、蛇二岫，壯文廟之巨觀。十里荷香，蓮潭開天然之泮水；七鯤漁火，海島列圖畫之藩籬。」〔註19〕在龜山和蛇山的簇擁之下，成為一個堅固的軍事堡壘，並且離萬丹港和打鼓仔港皆近，還可控扼海口，符合清初以中國海防為第一要務的治臺政策。此外，它離臺灣府城的距離也比較近，和府治可保有較高的互動及聯繫。在多方比較衡量下，興隆庄勝出，成為鳳山縣治的所在地。

## 三、興隆庄設治後的發展

　　根據《鳳山縣志》記載，臺灣一納入清朝版圖時，鳳山縣縣城就決定設在興隆庄，〔註20〕但從康熙二十四年（1685）所編的蔣志中可看到，鳳山縣當時的轄區中並未出現「興隆庄」一詞，並且當時的坊、里、庄、社、鎮，都是沿用明鄭時所遺留下來的名稱。〔註21〕清領初期將明鄭「文武官員丁卒，與各省難民，相率還籍，近有其半。」導致「人去業荒」。〔註22〕按照學者研究，明鄭在臺的漢人數推估約有二十萬上下，〔註23〕這些人力大半在清領後被遣返回中國大陸，並且清代官方又下達禁渡令等相關限制措施，人口大量流失的情況下，導致臺灣的生業一度停頓。

　　康熙三十五年（1696）高拱乾所編的《臺灣府志》（下稱高志）中，鳳山縣已經出現了「興隆庄」和「興隆庄街」，從康熙二十四年到康熙三十五年這十年間，興隆地方能夠崛起且成庄、成街，代表當地正迅速的開發。〔註24〕興隆庄能夠快速的發展，得力於縣治帶來的地利之便，興隆庄因為設治，文武官員進駐，帶來人潮，才日漸繁榮，並非先繁榮才設治。清初設治之地，鳳山縣和諸羅縣皆為蠻荒之所，縣治的選址概以軍防為優先。

　　明鄭時期，宣毅左鎮左營在當地墾荒，這也是現今「左營」地名的由來。

〔註19〕陳文達，《鳳山縣志》，頁4。
〔註20〕陳文達，《鳳山縣志》，頁11～12。
〔註21〕蔣毓英，《臺灣府志》，頁23～26。
〔註22〕施琅，《靖海紀事》（臺北市：臺灣銀行經濟研究室，1961年），頁67。
〔註23〕明鄭在臺時的人數，根據當時的資料，有六萬、三百萬、二十～二十五萬不等的說法。根據曹永和的研究，衡量荷蘭時代及清康熙中葉的臺灣人口，推估極盛時，大陸的移民數約在十五～二十萬之間。參照：曹永和，《臺灣早期歷史研究》（臺北市：聯經出版社，1979年），頁275～277。
〔註24〕高拱乾，《臺灣府志》，頁491、510。

〔註 25〕據左營興隆寺的〈開山碑記〉記載，康熙二十八年（1689）有僧侶在此處建草寮，供過往旅客茶水修憩，後行人建寺宮，在這裡築田蓋店，以資香燈。〔註 26〕對於這一則資料的理解，不該視爲興隆庄是以一個草寮爲發展的核心，人群才聚集起來的。其顯現的應是一個聚落興起的標準模式，有田，有深入的拓墾，聚集了一定的人口，開始有廟宇（草寮）的草創，後人群愈聚愈多，生業既豐後，才有進一步建廟的行動。興隆舊城的位置，有蓮池潭可供灌溉，〔註 27〕又有明鄭延續下來的拓墾基礎，最重要的是興隆庄的形勢對於建設城池，有了最天然的屏障優勢。

　　「興隆庄」的庄名也在康熙三十五年（1696）的高志中正式出現。考究其名，「興隆」二字似乎沒有與當地原住民相關的記載，在明鄭時也沒有出現此聚落的名稱。然而一見「興隆」二字，便覺得是個吉祥的名稱，在中國古代文字的意義上，有「興盛」的意思，「興隆」代表的就是旺盛。〔註 28〕在《三國志》蜀書部分，諸葛亮曾說：「親賢臣，遠小人，此先漢所以興隆也。」〔註 29〕「興隆」兩字代表著吉祥又正面的意義，對於一個新設立的行政地區來說，有對光明前途的期許，期望此地能夠地如其名一般興盛。所以關於此一聚落的名稱由來，筆者認爲應是清領臺時期，刻意選擇的新名稱，以地配名，期許縣治的發展也能欣欣向榮。

　　興隆庄設治以後，因爲行政中心的重要性，於是也快速的發展起來。不過象徵皇權統治的城池，卻因爲清代以防臺來治臺的消極態度下遲遲未建。康熙六十年（1721）朱一貴事件發生，鳳山縣城被輕易攻破。亂平之後，鳳山知縣深感無城可守的窘迫，於是修築了土城，明確的劃定了鳳山縣城的範圍，開了東西南北四門，更在城牆外挖了壕溝。〔註 30〕自此，鳳山縣城才算真的有「城」的架構出現。

　　雍正十二年（1734），皇帝允許臺地栽植莿竹，當作藩籬，鳳山知縣錢洙

〔註 25〕徐雪霞，〈明鄭時期漢人在臺灣的拓展〉，《臺南文化》新 18 期（1984 年 12 月），頁 213。

〔註 26〕〈開山碑記〉，載於《臺灣南部碑文集成》（臺北市：臺灣銀行經濟研究室，1966 年），頁 20。

〔註 27〕「蓮花潭：在興隆庄，爲鳳山學宮泮池，中產蓮花，因以名，附近田園資其水利。」，參見：高拱乾，《臺灣府志》，頁 505。

〔註 28〕夏征農主編，《辭海》（臺北市：臺灣東華書局，1992 年），頁 3868～3869。

〔註 29〕陳壽，《三國志》，〈蜀書〉（北京市：中華書局，1959 年），頁 20。

〔註 30〕王瑛曾，《重修鳳山縣志》，頁 29。

就在縣城外環植莉竹，種了三層厚。乾隆二十五年（1760），知縣王瑛曾在四座城門之上，增建四座大礮。〔註31〕位在興隆庄的鳳山縣城逐漸有了較大的規模，並且具備了一個「城池」該有的架構，可惜這個爲了中國「海防」爲軍事著眼點建構起來的政治中心，卻因爲遭遇臺灣內部發生的亂事失去了鳳山縣中心的地位。乾隆五十一年（1786）林爽文事件爆發，彰化縣人林爽文與天地會的同夥密謀，十一月時，林爽文在北路起事，南路則由居於鳳山縣篤嘉港的莊大田豎旗響應。

十一月二十七日林爽文攻下彰化縣城，在十二月六日又攻入諸羅縣城。〔註32〕莊大田也在十二月十三日進攻鳳山縣城，鳳山知縣湯大奎與典史史謙被殺，其他的官員則逃往下陂頭避難，鳳山縣城於是被莊大田佔領。〔註33〕隔年的一月十九日下陂頭也被攻入，這些倖存的官員和其家屬也都遇害。福建總督常青聽聞戰事，即調派水陸大軍萬人前往臺灣平亂，並帶領候補和新調知縣等官員一同前往。

鳳山縣的起事，就像臺灣海防同知楊廷理所說「南路賊勢甚猖獗，竟敢不避大軍，日夜燒莊攻營，日甚一日。」，可見莊大田黨眾聲勢之大，不懼官兵。但南路的戰事還是屢屢告捷，先是從二月十四日，「師次岡山，賊退守橋仔頭。乙卯（十七），官兵次阿公店，賊退守番仔藔。」到了二十二日，郝壯猷很快的就收復了鳳山縣城。鳳山縣城雖然收復，但「鳳山衙門民舍，賊焚之略盡。」可見鳳山縣城遭逢亂事，受破壞甚嚴重。

乾隆五十二年（1787）三月八日，由於兵力調派不當在下淡水區敗陣的情況導致士氣萎靡，且守城者錯估情勢，使得敵人有機可趁，莊大田帶領大隊兵力再度進攻鳳山縣城，採用裡應外合的戰略，在城內放火，導致清兵慌亂而潰逃，於是鳳山縣城又再度淪陷。而鳳山既陷，賊益猖獗不可制矣。〔註34〕事後在論鳳山縣城復陷之過的情形，最後歸因於提督黃仕簡調度失當，還有總兵郝壯猷不戰而逃之罪，這些將領最後都被撤去軍職且治罪。〔註35〕

〔註31〕王瑛曾，《重修鳳山縣志》，頁29～31。

〔註32〕張雄潮，〈清代臺灣民變迭起迅滅的因素〉，《臺灣文獻》第15卷第4期（1964年12月），頁28。

〔註33〕盧德嘉，《鳳山縣采訪冊》，頁393。

〔註34〕盧德嘉，《鳳山縣采訪冊》，頁394～400。

〔註35〕〈兵部「爲內閣抄出調任閩浙總督常青奏」移會——四月十九日鳳山縣城既復得失情形〉，收錄於《明清史料》戊編第三本（臺北市：中央研究院歷史語言研究所，1972年），頁238～239。

戰事遷延甚久，最後在乾隆五十二年冬天，由陝甘總督福康安帶領大隊人馬抵臺，趁敵人內亂之時，經過五個月的征討終於全臺平定。林爽文事件從乾隆五十一年十一月開始，到乾隆五十三年三月結束，總共長達一年又五個月，〔註 36〕除了時間很長以外，對於臺灣的破壞也很深，尤其是鳳山縣城二度被攻陷，也引起善後官員開始思考縣城的位置問題。

乾隆五十三年（1788）林爽文事件平定後，福康安查看南路鳳山縣的情形，認爲莊大田起於鳳山，從篤加港爲出發，先在臨近的阿里港騷擾，然後騷擾各處的村莊：新園、金京潭、下陂頭、楠仔港坑、打狗港和鳳山縣城全部都被佔據，所以下令官兵應該在這些地方累積實力，做好防備。他也從下淡水區渡溪，到鳳山縣興隆縣城勘查，發現縣城被群山包圍，南面是打狗山，北門則是龜山，龜山的地勢低窪，四面可以俯瞰城內，莊大田復陷鳳山縣城時就是從北門龜山撲近，圍城的莿竹和城內的衙署和民房都被焚毀，一時之間很難恢復，所以建議縣城遷往下陂頭街：

> 查有距城十五里之埤頭地方，民房稠密，爲往來要路，以飭鳳山縣
> 知縣即暫在該處租賃民房辦事，並酌派兵丁前往駐箚，將來鳳山縣
> 城或即移于埤頭地方，仍用莿竹圍插，或因舊時基址在，附近山頂
> 設立磚石卡座以資控制之處。〔註 37〕

因爲下淡水區的開發，使得下陂頭街變成一個陸運的轉運站，人口聚集，非常繁盛，康熙五十九年（1720）時，下陂頭街就已經是鳳山縣最大的街市。〔註 38〕乾隆二十九年（1764）時，下陂頭街的發展愈來愈興盛，已發展出草店頭、草店尾、中街、武洛塘街等其他重要的街市，並且還是鳳彈汛的所在。〔註 39〕

衡量鳳山縣的情勢，下陂頭街平原開闊腹地廣大，人群聚集商旅往來更需要保護以維持住下淡水區貨運的暢通，遷治於此，行政上也能更爲便捷。於是清廷最後依福康安所奏，在乾隆五十三年（1788）正式將鳳山縣治從興隆庄移往下陂頭街，鳳山縣城於是有了新舊城之分。

---

〔註36〕盧德嘉，《鳳山縣采訪冊》，頁 392～409。

〔註37〕〈兵部「爲內閣抄出將軍福康安等奏」移會──大臣福查看南路情形〉，收錄
於《明清史料》戊編第三本，頁 287～288。

〔註38〕陳文達，《鳳山縣志》，頁 26。

〔註39〕王瑛曾，《重修鳳山縣志》，頁 32。

# 第二節　陂頭新城時期（1788～1807）

乾隆五十三年（1788）鳳山縣城從興隆庄遷往下陂頭街，於是興隆縣城成爲鳳山舊城，陂頭縣城則變成鳳山新城。臺灣古地名中凡以人工築堤儲水或攔截溪流以供灌溉者都稱爲「埤」，也寫作「陂」，[註40] 康熙中葉的《康熙臺灣輿圖》中在鳳山地方標有「埤頭」兩字，此可能指稱水埤附近的聚落，而此埤可能就是在今日鳳山醫院附近的柴頭陂，表示當時已經有人墾耕於此。或許是爲了與明鄭時期興隆庄的陂仔頭區別，所以日後清代的文獻都稱鳳山地方的埤頭爲「下陂頭」。[註41]

下陂頭街的位置，在今日高雄市鳳山區境內。在自然環境的影響下，下陂頭街因爲位置優良，清代跟隨漢人進入屏東平原拓墾的腳步迅速的崛起，成爲康熙末年鳳山縣最大的陸路街市。朱一貴事件後，雍正年間臺灣知府沈起元度量形勢，認爲治臺的政策應該轉向，從由中國海防的考量變成重視臺灣陸防著眼，建議鳳山縣城應從距離港口近的興隆庄，改遷往控扼陸運樞紐的下陂頭街。「臺灣之治，宜防山不宜防海也。……設立縣治、處置兵衛，必占形勢。……南路則宜遷鳳山縣治於埤頭，當居民輻輳、行旅往來之孔道，以親民事。」[註42] 下陂頭街的優點是「親民事」，行政單位選在人潮匯集之處，有便民的作用。

乾隆二十九年（1764），下陂頭街發展出了草店頭、草店尾、中街、武洛塘街等街市，是五方輳集的大路之衝，似乎有凌駕當時的興隆縣城的態勢出現，從街市的發展也可以觀察出，興隆縣城與下陂頭街成爲打狗平原上最熱鬧的市集匯聚之所，兩地間的較量似乎已趨於白熱化。[註43] 乾隆五十三年（1788）鳳山縣城遷至下陂頭街後，兩地的相爭遂告一段落，直到嘉慶十二年（1807）後，情勢才又改變。

下陂頭街西邊通往打狗港，東邊則是通往鳳山縣的米倉下淡水平原，原本就因爲位置的優越而導致商旅往來不息，鳳山縣城移駐以後，更是成爲行

---

〔註40〕 曾玉昆，《高雄市地名探源（增訂版）》（高雄市：高雄市文獻委員會，2004 再版），頁 62。

〔註41〕 簡炯仁，〈清代鳳山縣最大街市「下陂頭街」崛起初探〉，《高市文獻》第 15 卷第 2 期（2002 年 6 月），頁 2～4。

〔註42〕 沈起元，〈治臺灣私議〉，收於賀長齡《皇朝經世文編》冊三，卷 84 兵政（臺北市：國風出版社，1963 年），頁 2174～2175；或《清經世文編選錄》（臺北市：臺灣銀行經濟研究室，1966 年），頁 7～9。

〔註43〕 王瑛曾，《重修鳳山縣志》，頁 31～32。

政及軍事的中心，市容更加興盛。鳳山新城的建立，因爲清代官方只同意以莿竹當作建城工具，於是最初也是採取竹城的設計，用莿竹大約圍出一個城池的範圍，「聊蔽內外」而已。〔註44〕

嘉慶九年（1804），遷城十六年後，新任知縣吳兆麟才開始有規畫的建設鳳山新城。他「倡建四門，分爲六座：大東曰朝陽，小東曰同儀、亦曰東便，西曰景華，南曰安化，北曰平朔，其外門曰郡南第一關。」〔註45〕東門與北門各有兩座，也表現出東邊與北邊的重要。東邊是通往下淡水區的重要道路，許多農產都從東門運來，商旅從新城進出下淡水區也走東門；北門則是通往臺灣府城的通道，與臺灣府城的聯絡都走這個門，於是吳兆麟才會在外北門上提上「郡南第一關」的大字，代表鳳山新城是臺灣府城以南最重要的城市，外北門也成爲進入鳳山新城的第一道關卡。鳳山新城的規劃形狀像一隻靴子，突出的部份就是北門與東門，也顯現出這兩地的重要性。

乾隆五十三年（1788）遷移到鳳山新城辦公的官員，最初只是租賃民房充當辦公室，同樣是在嘉慶九年（1804）吳兆麟上任後，才有建有縣署、典史署等正式的衙署讓官員們在內辦公，只有南路營參將署在遷城之時就馬上移建，可見軍事還是優先於行政。〔註46〕

鳳山新城初建城，官方的建設才剛起步，不料在此同時於嘉慶年間持續在中國東南沿海出沒的海盜一直不斷的騷擾臺灣，其中又以蔡牽的勢力最大。嘉慶三年（1798）九月初二的實錄上記載，蔡牽已由臺灣逃回內洋的事實，在後續的幾年中，都可以看到蔡牽不斷的在騷擾中國東南沿海的省份，一下子「竄入浙境」，一下子「又回閩洋」，還曾在福建大擔門登陸，並搶走汛礮。蔡牽以海爲家，用游擊的方法幾度劫掠沿海省份，並且在嘉慶八年（1803）二月時，和「會匪」勾結，也就是和陸地上的天地會合作。〔註47〕

嘉慶九年（1804）六月初七，蔡牽又到臺灣鹿耳門的北汕木寨突襲，然後殺害官兵。雖然嘉慶在七月命令官兵全力追捕蔡牽，但是成效不彰，嘉慶十年（1805）閏六月初八「蔡逆匪船四十餘隻，自澎湖至鹿耳門；因聞李長庚大統領大幫舟師已抵澎湖，即由東大洋竄回水澳一帶洋面。」〔註48〕清廷

〔註44〕盧德嘉，《鳳山縣采訪冊》，頁135。

〔註45〕盧德嘉，《鳳山縣采訪冊》，頁135。

〔註46〕盧德嘉，《鳳山縣采訪冊》，頁139～140。

〔註47〕臺灣銀行經濟研究室編，《清仁宗實錄選輯》（臺北市：臺灣銀行經濟研究室，1963年），〈弁言〉，頁1。

〔註48〕臺灣銀行經濟研究室編，《清仁宗實錄選輯》，〈弁言〉，頁1～2。

的官員此刻和蔡牽正展開官兵捉強盜的戲碼，只是蔡牽逃竄海上，居無定所，蹤跡飄忽不定，讓追捕的官員疲於奔命。

嘉慶十一年（1806）正月初四日，在上諭中提到，總督玉德曾上奏稱：「蔡逆豎旗滋事，自稱鎮海王，於上年十一月二十三日搶入鳳山縣城，經官兵攻散後，賊船復駛入鹿耳門，在府城外登岸劫擄，並勾結嘉義縣匪徒洪四老等稱機滋事。」〔註49〕蔡牽在嘉慶十年（1805）曾經攻入當時的鳳山縣治，也就是陂頭新城。《東槎紀略》中也有關於這段歷史的記載：「嘉慶十一年，蔡牽攻臺灣，吳淮泗乘間陷埤頭，頗有殘毀。」〔註50〕姚瑩把時間錯置成嘉慶十一年，實際上是嘉慶十年，同時他提到攻陷新城者為吳淮泗，吳淮泗是蔡牽勾結的黨羽，趁蔡牽亂臺時攻破陂頭新城搗毀一番。雖然不久福建臺灣鎮總兵官愛新泰就克復鳳山縣城，〔註51〕但亂事還是給陂頭新城帶來不少損壞。日後重建的過程中，當時負責處理蔡牽事件後續的福州將軍賽沖阿，就提議將鳳山縣城遷回興隆舊城。

賽沖阿前往南路看兵，在新舊城和海口一帶勘查形勢，當時的總兵愛新泰和臬司慶保也一起前往，愛新泰就是收復下陂頭縣城的將領。他們認為新城離海口較遠，在此次的戰役中，因為兵力集中海口，才讓吳淮泗有機會可以在內陸起亂趁機占領新城。內陸和海口不可兼顧的情況下，建議把縣治移回舊城，這樣下次亂起就方便追捕。〔註52〕興隆舊城獨特的地理形勢，被龜、蛇二山包夾，依山建城，對軍事上捍衛敵人是大為有力。賽沖阿也提到，興隆舊城是百年舊治，發展到乾隆時期已有「縣前街、下街仔、大街、南門街口、總爺街口、北門內街等」〔註53〕街市的存在，發展算是很繁榮，而下陂頭街則是民庄興建起來的城池，雖然移建縣城，但戶口並沒有很多，嘉慶八年（1803）淹過水，使得民眾都搬離此地，訪查民意都想要遷回舊城。他們認為陂頭新城只是興隆舊城的過渡階段，階段性的任務已經完成，就該移回舊城。〔註54〕

〔註49〕臺灣銀行經濟研究室編，《清仁宗實錄選輯》，頁63。

〔註50〕姚瑩，《東槎紀略》（臺北市：大通書局，1984年），頁5。

〔註51〕臺灣銀行經濟研究室編，《清仁宗實錄選輯》，頁74。

〔註52〕〈戶部「為內閣抄出福州將軍賽沖阿奏」移會——酌議鳳山縣城移回舊縣興隆里地方由〉，《明清史料》戊編第二本（臺北市：中央研究院歷史語言研究所，1972年），頁165。

〔註53〕王瑛曾，《重修鳳山縣志》，頁31。

〔註54〕〈戶部「為內閣抄出福州將軍賽沖阿奏」移會——酌議鳳山縣城移回舊縣興

賽沖阿也提議讓舊城按插竹為城的老方法來進行補強和修復，然後再另建縣門四座，其餘官衙府署就照舊修補。由於花費的金錢不多，所以嘉慶皇帝馬上就同意此作法。嘉慶十二年（1807）二月初二，皇帝下令「移福建鳳山縣城於舊縣興隆里；從將軍賽沖阿所請也。」〔註55〕結束了下陂頭街設為鳳山縣治還不到二十年的短暫命運。

## 第三節　縣城的遷移與定案（1807～1847）

鳳山縣城在乾隆五十三年（1788）因林爽文事件而遷移到下陂頭街，而有了新舊縣城的區別，但鳳山新城並非最後的定案，不過短短的二十年間，又因為遭逢蔡牽之亂再次遷回鳳山舊城。嘉慶十二年二月初二，從皇帝下令的那一刻起，鳳山縣城名義上應該就是位在興隆里的舊城，但實際上縣官還是滯留於新城辦公，遲遲未遷，直到許楊事件的爆發，縣城遷移一事才開始被認真對待。

早在嘉慶十二年（1807）宣布鳳山縣治移回興隆舊城後，就有人提議要改建縣城。當時賽沖阿雖然是向嘉慶皇帝提議只要稍加補強竹圍外牆就可，但實際上莿竹圍城面對愈加開發的臺灣地區已經不適用了。清初人口還沒這麼多，在經費不足且皇帝不同意築城的政策下，使用莿竹圍城只是權宜之計，如今清領臺已經兩百年，各方的發展都已經成熟，且經過朱一貴、林爽文等較大的事件，還有零星的起事，城垣的興建愈來愈顯得重要與必須。嘉慶十五年（1810），閩浙總督方維甸到臺灣視察，他認為鳳山舊城應「奏如賽議，改建以石，並請圍龜山於城中，以免敵人俯瞰。」〔註56〕

賽沖阿的上奏前已提過，詳考之，他並沒有提議要改建磚石城，他只認為應該要增建四座堅固的城門，其餘的則就舊有的修補而已，因為這樣所以花費的金錢才少，嘉慶皇帝才會說「因修復一切無需多費，着照所請，將鳳山縣城移回舊建地方。」〔註57〕如今方維甸則認為要改建石城，但石城所花費的金額太龐大，「費鉅，部駁未行。」道光三年（1823）方維甸的姪子方傳

---

隆里地方由〉，《明清史料》戊編第二本，頁165。
〔註55〕臺灣銀行經濟研究室編，《清仁宗實錄選輯》，頁100。
〔註56〕姚瑩，《東槎紀略》，頁5。
〔註57〕〈戶部「為內閣抄出福州將軍賽沖阿奏」移會——酌議鳳山縣城移回舊縣興隆里地方由〉，頁165。

稜接任臺灣知府，隔年巡撫孫爾準來臺巡視，聽取輿論，於是決定再向上請
奏要興建磚石城，剛好遇到許楊之亂，位在下陂頭的新城又遭到破壞，於是
官員開始認真思考遷回興隆舊城一事。

　　道光四年（1824）十月，賣檳榔出生的許尚和黨徒楊良斌等人密謀起事，
他們決議要先攻下淡水縣丞署，然後占領陸路大城下陂頭，最後直往臺灣府
城進攻。沒有資金，所以先劫掠籌資。當時臺灣知府方傳稜聽聞有盜匪起，
下令捕盜，許尚落網才將密謀造反的事供出，方傳稜於是增加下陂頭街的兵
防。後來賊眾推楊良斌為統帥，在十月二十二日的夜晚率領百人分西、北兩
路進攻陂頭新城，從竹圍的間隙進入城內。當時的將領據守城內各倉廩衙署，
成功退敵，但後聽聞錯誤的建議，移兵進入火藥庫不出，導致賊人有機可趁，
在官員隱避不出時劫掠街市，使得人心潰散，紛紛逃難。賊匪破壞陂頭城一
事傳入臺灣府城的人民耳中，大家都惶恐不安。方傳稜馬上加派兵力往援鳳
山，並收容流民補強城牆。道路通了之後，官方二十六日就到達陂頭，增補
竹圍，繞圍濬深溝，中插竹籤，亂事乃順利平定。此一事件的爆發，也加深
官員想要修建鳳山縣城的決心。於是，隔年乃建鳳山縣城於舊治。〔註58〕

　　當時新城雖毀，但舊城的防禦體系也不夠堅固，所以如果要讓官員百姓
願意遷回舊城，則必須要建立一個足以防衛的縣城。方傳稜認為臺灣亂事不
斷，而鳳山縣又是眾多亂事的發生地，因為鳳山縣接近臺灣府治，於是才會
亂事迭起。他衡量情勢，將臺灣比作人體：

　　　譬諸一身，郡城如心，鳳山則元首也。嘉則腹而彰其腰，淡水直脛
　　　股耳。嘉義以北，關鍵重重；鳳山逼近咽喉，朝發而夕至，中無屏
　　　障；元首病則心以之，豈腰腹脛股所能救哉？此賊之所以常在于南
　　　也。南路有事，郡城必先受兵，北路之賊乘間再發，則郡城恒有不
　　　及之勢；故鳳山尤重。〔註59〕

鳳山縣是臺灣府城能否安全的第一道關卡，鳳山縣城的防守就更顯重要，縣
治如果失守，所有的官衙營署自然守不住，賊黨要是拿到官方的武器與糧食，
必定夾帶勢如破竹的氣勢馬上往臺灣府城攻去，下陂頭到府城只要一天的時
間，臺灣府城一旦淪陷，要再收復就難上加難。鳳山縣成為守衛府城的第一
道防線，而磚石城的建立也是為了鞏固這個防線所必須的。

─────────────

〔註58〕姚瑩，《東槎紀略》，頁1～4。
〔註59〕姚瑩，《東槎紀略》，頁5～6。

討論鳳山舊城改建爲磚石城的過程，必須先了解清朝治理臺灣政策一直是維持消極的態度，限制臺灣不准築城，一直到同治十三年（1874）牡丹社事件發生後才改採積極的作爲，由官方興建恒春縣城（1876）、澎湖廳城（1889）兩座磚石城。在此之前臺灣的城池都是竹城、土城或木柵城，且都由地方官員倡捐才得以興建，而且只能使用在清代官方眼中不算正式城池的材料，雖然官方說法是經濟上的考量，但實際上卻是怕臺灣有鞏固的城池易被亂民所據，是以防臺來作爲出發點。但這個「不築城」的政策，在嘉慶十五年（1810）至道光十六年（1836）漸漸被打破，臺灣在民間社會的請願且由紳、民、地方官共同集資之下，興建起了彰化縣城（1824）、鳳山縣城（1826）、淡水廳城（1829）、諸羅縣城（1836）四座堅固的磚石城。當時適逢蔡牽之亂結束，有鑑於原有的城池無法達到防禦的功能，閩浙總督方維甸先是提請將鳳山舊城改築爲磚石城，但因經費龐大而遭到皇帝否決。接著彰化縣紳民提請民間籌資建築土城，再進一步試探性的將土城改建爲磚石城，沒想到竟然獲得允許，於是臺灣第一座磚石城──彰化縣城，就在道光四年（1824）興建完工，而此舉也激勵了後來鳳山舊城的改建。〔註60〕

鳳山興隆舊城磚石城的興築，從道光五年（1825）的七月十五日開始，道光六年的八日十五日就全部竣工，效率非常高，總共花費九萬二千的工料銀。〔註61〕這麼多的經費來源，從道光四年方傳穟決定採用官捐民倡的辦法後，全臺各官員的積極響應，也帶動了民間的捐款：

> 今本道衙門籌捐三千，府捐一萬二千，鳳山縣捐六千，淡水、臺灣、嘉義、彰化四縣捐一萬二千，臺防同知捐二千五百，鹿港、澎湖、噶瑪蘭三廳捐四千五百。凡官捐者四萬。……臺人感動。于是鳳山士民僉議：納正供者，每穀一石，捐番銀一圓，凡四萬有奇；富民別捐又四萬四千。郡中紳商聞之，亦捐二萬五千有奇。〔註62〕

募集到的資金全部十四萬九千，與工匠預估耗費金額十二萬還多出很多，而且將近四分之三都是人民的捐款。可知從康熙二十三年（1684）清治臺到道光時期，經歷了兩百多年的時間，臺灣人民的財富漸漸累積了起來而有殷商大戶的出現。這些富民捐的錢，竟比全臺官員捐的更多，可見臺灣發展到道

〔註60〕蕭道明，〈民間社會與臺灣的築城運動（1810～1836）〉，《臺灣風物》第53卷第3期（2003年9月），頁17～23。
〔註61〕諸家，《臺灣采訪冊》（臺北市：臺灣銀行經濟研究室，1959年），頁29。
〔註62〕姚瑩，《東槎紀略》，頁6。

光時期，已經是非常富有了。從人民所捐款的金額也可顯示臺灣發展的過程，清初採取「不築城」的治臺政策，導致官員提議官捐民倡的籌款方法，最後往往是不了了之，並且當時人民生活還不如現今寬裕，所以築城的費用多為官員所出。但如今人民生活富足，有餘錢來支持築城的事務，並且為了保衛身家財產，願意捐款興建城池。清廷消極的不築城政策，也由於民亂過多，加上臺地日漸繁榮的情勢改變後，不得不作調整。在方傳穟的一呼百應下，沒想到全臺各地募款的成果出乎大家意料，比原需的金額還高出許多。於是在鳳山縣磚石城快速的興建完工以後，淡水同知李慎彝也打算用勸捐的方法，興築位在竹塹的淡水廳城。〔註 63〕道光七年（1827）淡水廳城的營建，就是受鳳山縣城快速完工的激勵，所影響的結果。〔註 64〕

比較鳳山舊城和其他磚石城的興建過程，這四座城中就只有鳳山縣城是是由地方官員提請倡建，並且全臺皆有捐輸贊助者，其中府城的紳民也捐了二萬五千，大約是總額的 17%，這顯示出鳳山縣與府城息息相關連成一脈的關聯性。鳳山縣城到府城地勢平坦「中無屏障」，且「朝發而夕至」，一旦鳳山縣城被攻下，府城也就岌岌可危。方傳穟才會說「故鳳山尤重」，於是由官員來提請改築磚石城。〔註 65〕鳳山縣的磚石城之所以建在興隆舊城，或許基於防衛府城的因素，因興隆舊城離府城較近，另一方面也由於嘉慶十二年（1807）官方已正式命令將鳳山縣城遷回興隆舊城，所以鳳山縣正式的首府是興隆舊城，非官員遷延居住的陂頭新城，於是磚石城的改建理當是在縣城所在的興隆舊城，而非陂頭新城了。

回顧鳳山縣的築城歷史皆與亂事的發生有關，朱一貴事件後，縣官劉光泗築土城；雍正時，吳福生事件後用莿竹圍城；到林爽文事件後，遷治於下陂頭街，然後採用莿竹築城；最後是蔡牽事件，加上許楊事件的催生，鳳山縣用官捐民倡的方法，最後募得鉅款，在興隆舊城興建起堅固的磚石城。鳳山縣的建城史，是清政府統治臺灣期間採取消極、防禦型建城的具體顯現。〔註 66〕

〔註 63〕姚瑩，《東槎紀略》，頁 7。
〔註 64〕許雪姬、劉淑芬、方惠芳，〈清代鳳山縣的研究〉，《高雄文獻》第 23、24 期合刊（1985 年），頁 15。
〔註 65〕蕭道明，〈民間社會與臺灣的築城運動（1810～1836）〉，頁 24～29。
〔註 66〕溫振華，〈清代臺灣的建城與防衛體系的演變〉，《國立台灣師範大學歷史學報》第 13 期（1985 年），頁 270、272。

　　興隆舊城於道光六年（1826）改建完工，照道理地方官員應該因為身家安全有了堅固城池的保護，而快速的遷入舊城辦公。但事實上地方官員並未使用過這個新建好的興隆舊城，而是依然在莿竹所圍的陂頭新城辦公，於是造成延宕多時的鳳山新舊城之爭，直到道光二十七年（1847）閩浙總督劉韻珂視察臺灣時才獲得解決。

　　道光二十七年（1847）閩浙總督劉韻珂來臺巡視，收到鳳山縣紳民蔣鵬飛等人陳情，希望能夠不要將縣治遷往舊城，而是留在人口眾多的新城。〔註67〕縣官治事，最重要的就是能夠親民事，往往會選擇人口眾多的地方辦公。嘉慶十二年（1807）時，賽沖阿建議遷回興隆舊城時的奏摺，明顯提到「埤頭地方本係民庄，雖移建縣城，戶口無多。自嘉慶八年埤頭水岸沖坍，溝渠散溢，民鮮蓋藏□，訪輿論亦稱縣治應移回舊城為善等情。」〔註68〕他說陂頭新城本來只是一個戶口無多的聚落，當時還因為淹水一事，使得民眾都希望遷回舊城。但在道光二十七年，劉韻珂下令派人查考當時的輿論及新舊城的現況時，看見的卻是「埤頭居民多至八千餘戶，興隆居民不過五百餘家。」究其原因「興隆僻處海隅，規模狹隘。埤頭地當中道，氣局寬宏，而文武官員又向在埤頭駐紮，體察輿情，扼處形勢均當以埤頭為鳳山縣治。」〔註69〕相隔四十年所呈現的實況竟如此的不同，試將兩摺分別置於當時的歷史背景來加以理解。

　　嘉慶十二年（1807）時，賽沖阿認為埤頭新城戶口無多應是因為前有嘉慶八年（1803）的水患，後有嘉慶十年（1805）蔡牽之亂的破壞，他訪察的時候，家園還未修復，而人民適逢災變，心靈惶恐不安，所以才想要搬回舊城。從嘉慶十二年（1807）到道光二十七年（1847），已過了四十年的時間，情勢又有了變化。除了興隆舊城設計不良的關係可能導致的家戶流失外，也跟新城水利設施的建立和人民避難心理已過有關。〔註70〕

　　劉韻珂當時訪察後得到的結果，認為亂事發生時與發生後，民心的感覺有所不同，所以訪察輿論的結果才會不同。「據稱嘉慶十一年間，前福州將軍

----

〔註67〕劉韻珂，〈請將鳳山縣新城移作縣治由〉，軍機檔079328號。
〔註68〕〈戶部「為內閣抄出福州將軍賽沖阿奏」移會——酌議鳳山縣城移回舊縣興隆里地方由〉，頁165。
〔註69〕徐繼畬，〈奏為查明鳳山縣治移駐埤頭毋庸改建石城興隆舊城亦無須另行分防恭摺覆〉，收錄於沈景鴻等編，《清宮月摺檔臺灣史料（一）》（臺北市：國立故宮博物院，1994年），頁210～211。
〔註70〕許雪姬、劉淑芬、方惠芳，〈清代鳳山縣的研究〉，頁26～27。

渡臺查辦時，埤頭地方甫遭兵燹，故闔邑民人咸以此居為危。及道光四年，居民雖已復業，然距兵燹之時，尚未甚久遠，以致民心仍多惶惑。今則生息繁衍，相安已久，若欲他遷，殊多未便。」〔註71〕新舊兩城都有水患的問題，但是新城自從曹謹修築曹公圳，適時疏通了城內濠溝以後，就解決了淹水的問題，「至埤頭西南之水雖係穿城而過，第□前縣曹謹修治水圳，將城內濠溝□濬深通之後，即已宣洩。」〔註72〕所以人民更不願離遷離陂頭新城轉往會淹水的舊城。這或許就是導致陂頭家戶有八千，而興隆舊城只有五百，數據上相差懸殊的原因。

從嘉慶十二年（1807）至道光二十七年（1847），鳳山縣城的設置是處於懸而未決的階段，不顧興隆磚石城的改建完工，官員依然在陂頭新城辦公。道光十二年（1832）發生的張丙、許成之亂，陂頭新城再次被賊眾攻入，雖然順利將賊眾驅逐出城，但還是多所破壞。之後福建巡撫程祖洛速命縣治從新城遷回舊城，但官員還是遷延未動。〔註73〕道光十七年（1837）就任鳳山知縣的曹謹，其幕僚林樹梅觀察新舊城的現況，發現興隆舊城「城形若釜，西瀕大海，地僅二里許，海岸漸向內塌，村莊零落，風盪沙擁港，汕不常歷，無舟楫停泊……井泉僅六口，水鹹澀，無柴草，居民少，市廛稀……食用諸物，皆需外運。」〔註74〕與地當全縣中心的陂頭新城相距甚大，遂建議曹謹不要遷城留在新城辦公，並馬上改善新城的設備，增建礮臺、修補竹圍。除了新城的修建，林樹梅還提議引下淡水溪之水代替掘井，開發鳳山縣的水利，這便是曹謹在鳳山縣任內最為人所知的政績：「曹公圳」的興築。

清代臺灣的土地拓墾大約在乾隆末年即已到達飽和階段，水稻的種植最需要的就是灌溉水源，才能使旱園變水田養活更多的人。水利設施尚未發達時，大部份的田地都是看天田，仰賴下雨的灌溉。臺灣由於緯度較低，氣候較中國來得溫暖，「大抵暑多於寒」，而南部又屬於熱帶季風氣候，溫度更是四季皆夏，降雨主要集中在夏秋季吹南風之時，而夏秋間的颱風常帶來豪雨，導致雨水過多的情況，所以「夏秋頻潦」。雨季過後，又面對春多乾季，導致

〔註71〕劉韻珂，〈請將鳳山縣新城移作縣治由〉，軍機檔 079328 號。

〔註72〕劉韻珂，〈請將鳳山縣新城移作縣治由〉，軍機檔 079328 號。

〔註73〕仝卜年，〈上劉玉坡制軍論臺灣時事書〉，收錄於：丁曰健，《治臺必告錄》（臺北市：大通書局，1984 年），頁 243。

〔註74〕林樹梅，〈鳳山縣新舊城論〉，《歗雲山人文鈔》，收錄於：黃哲永、吳福助主編，《全臺文》八（臺中市：文听閣，2007 年），頁 31～32。

「春冬頻旱」。鳳山縣的農業，主要面對的就是春冬乾季無水可用，而夏秋暴雨，雨水傾洩帶來的農作物損傷。對於這樣乾濕分明的氣候型態，必須將夏秋的雨水先儲存起來，以備乾季利用，於是埤塘等水利設施就更加重要了。雖然鳳山縣全區的氣候都是這樣夏雨冬乾，但影響的情況卻因地方的不同而有所區隔。「鳳自淡水溪以北常苦旱，自淡水溪而南常苦潦。夏秋之間，近治里庄，田禾憂旱；而淡水一帶，陰雨淋漓：不數里而雨暘頓異。」〔註75〕以下淡水溪為界線，北邊的打狗平原（高雄平原）常常有缺水的景象，而南邊的下淡水平原（屏東平原）卻是時常在淹水。這與其地形有很大的關聯，屏東平原是一個沖積扇平原，地勢較低，溪流多，地下有湧泉，所以當雨水來時，可以儲存在地底潛流，常保土地的濕潤，但暴雨來時過多水無法宣洩，所以才會有「潦」的淹水情況發生，但一般來說，屏東平原因為水源充足，農業環境還是較優良。高雄平原地勢東高西低，並且發源距海較近，溪流短小，暴雨之時土壤還來不及吸收，就流入大海，河川的儲水功能較差，於是水田以接近埤塘者較為有利，其他則多旱地。〔註76〕

鳳山縣主要的適耕區就是打狗平原（高雄平原）和下淡水平原（屏東平原），高雄平原開發早，卻因為旱地無法改善，於是生產量遂被屏東平原所超前。屏東平原早先即有鳳山八社經營墾耕，而且還發展出了一年兩穫的雙冬早稻，待清領初期漢人大量進入以後，生產量更是大增，臺灣府治的米糧都要仰賴屏東平原，於是在康熙末年下淡水區人居日廣，遂新設兩里（港東、港西），並發展出新園街與萬丹街兩個街市，下陂頭街也由於位於米糧的轉運站，遂發展成鳳山縣最大街市，這都與屏東平原的開發有關。〔註77〕

相對於開發早，但土地利用卻還是維持在旱田的高雄平原，面對日益增多的人口壓力，官民一直苦無對策。雖然漢人知道要築陂攔截溪水，或是利用潭、湖儲雨水等水利運用來讓旱田變良田，但埤潭數量還是太少，所灌之田有限，無法解決整個高雄平原的乾旱現象。在乾隆二十九年（1764）以前，鳳山縣平均約七年有一次因乾旱而導致的饑荒。〔註78〕曹謹在林樹梅的建議之下，集紳耆，召巧匠，開鑿水圳。「功竣，凡掘圳四萬三百六十丈有奇，計

〔註75〕王瑛曾，《重修鳳山縣志》，頁45～46。

〔註76〕鳳邑赤山文史工作室編，《高縣文獻—曹公圳的故事》第26期（臺灣高雄：高雄縣政府文化局，2007年），頁35～36。

〔註77〕陳文達，《鳳山縣志》，頁25～27。

〔註78〕鳳邑赤山文史工作室編，《高縣文獻—曹公圳的故事》第26期，頁42。

可灌田三萬一千五百畝有奇。蓋由淡水溪決堤引水，於九曲塘之坳壘石為門，以時蓄洩。當其啓放之時，水小竹里而觀音里、鳳山里，又由鳳山里而旁溢於赤山里、大竹里，環縣城，達署內，中建水心亭，水之消漲，一望而知。」〔註79〕

　　曹公圳興建完工後，帶動打狗平原另一波的開發，日後人民為感念曹謹的功績，遂稱此水圳為「曹公圳」。興建水圳時，「支流環抱埤城以為濠溝」所以必須加強陂頭新城內的溝渠的疏濬和隄岸的興築：

> 東北角引柴頭埤水入濠處，亦須堅築斗門隄岸，以捍水力。城西南隅有故水道，為礮臺所抑，潦聚莫洩，則水怒城危，宜削外岸之土以培城基，匯城內外諸水，導繞南門，至東門溪底合流，南趨入海。
>
> 別於水尾築瀨設閘，啓閉以時，庶脈絡貫通，災瘝不作。〔註80〕

曹公圳完善的設計之下，從前陂頭新城下雨天淹水的問題得到了解決。曹謹任內的改革，使得鳳山縣物產豐榮，鳳山新城的整體建設都得到改善，防禦更加完備，同時也更適合人居。於是劉韻珂訪察鳳山縣民的結果，才會與賽沖阿訪察時大相逕庭。即使歷經變亂，民眾和官員還是不斷的陳情、上書希望留在陂頭新城。對於地方官員不顧上級的反對，一直滯留陂頭新城辦公的原因，根據後人的研究有幾種可能，以下分項加以討論。

## 一、風水之說

　　連橫在《臺灣通史》曾說：「（道光）六年八月竣工，擇吉告遷，而（杜）紹箕（祁）忽死，眾以為不祥，無敢移者。」〔註81〕杜紹祁是當時的鳳山縣知縣，連橫提到其不明原因病故，導致縣民認為興隆磚石城的風水不好，所以一直不敢遷移。伊能嘉矩也採用此說，認為官員皆迷信擇日之說，才無法選出一個吉日來遷移，遂一直拖延到道光七年（1827），先將囚犯移到舊城新建的監獄中，驗過吉凶後，再卜良辰舉行僑遷儀式，剛好杜紹祁病故，署理知縣徐必觀認為這是不祥之兆，於是透過福建巡撫韓克均奏請停止遷移。另有瘟疫之說，提到當時興隆舊城因正在流行瘟疫，所以眾人皆不敢遷城。但這兩者說法在《鳳山縣采訪冊》中都沒有提到，真實性有待考察。〔註82〕

〔註79〕盧德嘉，《鳳山縣采訪冊》，頁258。
〔註80〕林樹梅，〈與曹明府補論水利書〉，《歗雲山人文鈔》，頁17～18。
〔註81〕連橫，《臺灣通史》（臺北市：臺灣銀行經濟研究室，1962年），頁465。
〔註82〕許雪姬、劉淑芬、方惠芳，〈清代鳳山縣的研究〉，頁25～26。

　　首先必須先了解杜紹祁這個人,他是江蘇無錫金匱縣人,嘉慶二十五年（1820）的進士,署仙游知縣補鳳山。他在道光三年（1823）時任鳳山知縣,下一任知縣是徐必觀,在道光七年（1827）年三月署理縣事,可知杜紹祁是道光三年至道光七年三月前擔任鳳山知縣,剛好也就是興隆石城興工及完竣的期間。〔註 83〕依照連橫的說法,杜紹祁是卒於任上,但事實上杜紹祁因為早先平定許楊之亂有功,於是在道光七年被擢升為淡水同知,並在道光九年（1829）才卸任。他的傳中提到,他是引疾歸鄉,回到鄉里還積極的投入地方事務,最後卒於原鄉。〔註 84〕如此一來,縣城未遷的原因就非依附風水之說可以解釋,必須觀察當時的現況才可推究。於是考其原因,似乎下列二、三項的說法較為合理。

## 二、舊城設計不良之說

　　新舊城的優勢,舊城為海口重心,新城則為陸運樞紐。嘉慶十二年（1807）下令縣治遷回興隆舊城,主因在於蔡牽之亂對於下陂頭的影響「稱埤頭縣城距海口較遠,一遇海口緊要之時,兼顧為難。」,而認為「鳳山縣舊城,緣在兩山之間,似覺地勢較低,而依山為城,轉覺捍衛得力」〔註 85〕才依賽沖阿的建議遷回舊城。道光二十七年（1847）時,臺灣知府全卜年卻反駁了這種說法:「如謂興隆舊城負山面海,有險可憑;何以乾隆五十一年竟陷於莊大田之亂?如因嘉慶十一年蔡逆竄臺、埤頭失守,遂謂埤頭不如興隆;設如嘉慶十一年縣治仍在興隆,則距海更近,蔡逆上岸,勢必先犯興隆,能保其不失乎?」〔註 86〕如果因為亂事從海上來,覺得埤頭離海口太遠才淪陷,那興隆舊城離海口如此近,就能保證不會被攻下嗎?說不定還因此更早被攻陷,所以將埤頭離海太遠作為遷治的理由是說不通的。興隆舊城的形勢負山面海,卻不能免於被敵人依山俯瞰城內的隱憂。林爽文事件時,敵人從山上進攻城內,所以才有道光年間築磚石城時,將基址往東北移動的計畫。修築磚石城的範圍將整座龜山都圍在城內,就是要避免奸徒俯瞰的事實,但實際上半屏

〔註 83〕 盧德嘉,《鳳山縣采訪冊》,頁 194。

〔註 84〕 斐大中等修、秦緗業等纂,《無錫金匱縣志》（臺北市:成文出版社影印,1970年）,頁 353。

〔註 85〕 〈戶部「為內閣抄出福州將軍賽沖阿奏」移會——酌議鳳山縣城移回舊縣興隆里地方由〉,頁 165。

〔註 86〕 全卜年,〈上劉玉坡制軍論臺灣時事書〉,頁 243。

山、打鼓山都近逼城外，於是俯瞰之虞仍不能免。

　　除了形勢上的比較外，論生活空間的舒適，陂頭新城也比興隆舊城更適合人居。只要下雨興隆舊城便「地處沮洳，城形如釜，龜山圍在城內，每遇大雨時行，山水全注城內，無所消洩；城中泥濘難行，所建參將衙門口尤不堪託足。」改建後的興隆舊城，由於設計不良，將龜山圍入城內卻沒有做好完善的排水設施，一遇下雨就會淹水，難怪沒有人想遷回去。相比之下「埤頭新城地當適中，為南北通衢，寬闊爽敞，可以控制全邑。」〔註87〕新城比舊城更適合人居。

## 三、新城位置較佳之說

　　在舊城設計不良的情況下，地方官員不願遷回舊城，還與新城位置較佳及歷年來的習慣有關。「初，縣治在興隆庄，僻近海隅，甚荒落；縣官治事，恒在相距十里之埤頭街。」〔註88〕這裡提到，一開始縣治雖然設在興隆庄，但是縣官都跑到陂頭街來辦公。前章有提到，下陂頭街在康熙五十九年（1720）時，因為下淡水區的開發，已經變成鳳山縣內最大的街市了。人潮聚集，生活機能也方便，官員也都習慣在下陂頭街生活辦公，以近民事，所以雍正時沈起元才會提議要將縣治遷到下陂頭街。

　　官員都習慣在下陂頭街辦公，因為「埤頭溪山環繞，姻戶繁盛甲一邑」。〔註89〕陂頭城雖小，但是腹地甚闊，並且經過多年的開發，東、南沿海「向稱毒瘴惡地，官其邑者皆不敢至；今則民番雜處，商賈雲集，亦臺南之屏障也。」〔註90〕下陂頭街如此的重要，臺灣知府全卜年才會說：「埤頭腹心也；興隆、文賢、嘉祥、港東、港西各里，股肱手足也。腹心既正，則股肱手足呼應皆靈，捍衛自固。」〔註91〕陂頭新城是鳳山縣的心臟是最中心的位置，興隆里為其旁肢，陂頭新城可以關照到下淡水區的港東與港西里，這是興隆舊城所做不到的，所以鳳山縣治應該設在陂頭新城才是最適當的。咸豐元年（1851），最後奏准鳳山縣城留在陂頭新城，一直維持到臺灣割讓都沒有再改變過。

〔註87〕全卜年，〈上劉玉坡制軍論臺灣時事書〉，頁243。
〔註88〕丁紹儀，《東瀛識略》（臺北市：臺灣銀行經濟研究室，1957年），頁3。
〔註89〕丁紹儀，《東瀛識略》，頁3。
〔註90〕諸家，《臺灣遊記》（臺北市：臺灣銀行經濟研究室，1960年），頁12。
〔註91〕全卜年，〈上劉玉坡制軍論臺灣時事書〉，頁243。

　　咸豐元年（1851）鳳山新城重新成為鳳山縣正式的縣城所在，咸豐四年（1854）參將曾元福將城牆改築成土牆，牆外仍築莿竹算是加強了防護，但是上無雉堞，又不穩固，光緒十八年（1886）牆傾圮後有再重修一次。陂頭新城雖確立為縣城所在，但重建舊城時花費太多物資與人力，所以無法再進行一次大規模的募捐將新城也改築成磚石城，於是只好先築土城加強一下新城的防禦度。

　　咸豐八年（1858）英法聯軍之役後所簽定的《天津條約》，規定要開放臺灣為通商口岸，同治二年（1863）雞籠與打狗開放為淡水與安平的外港，臺灣再度打開了對外的窗口，從對中國的區域分工轉向進入國際貿易市場。位於鳳山縣的打狗港，因為開港通商帶動港口週邊的建設，也帶來鳳山新城另一波的發展。下淡水區為鳳山縣重要的農產品生產區，在清代以米穀作為主要生產品，但在開放為通商口岸後，糖出口量的增加，臺灣人的市場趨向導致下淡水區大量種植甘蔗。鳳山縣也形成以打狗為中心的市場體系，向縣內區域蔓延。〔註92〕由於出口品大量往打狗集中，於是鳳山新城就成為連結下淡水區與打狗間的重要轉運站，下淡水區的物產先過下淡水溪運至鳳山新城，再從鳳山新城的西門出發，前往西邊的打狗港。於是清末鳳山新城的西門也由於打狗開港的因素，人口往來逐熱絡了起來。

　　乾隆二十九年（1764）下陂頭街的街市集中在前往北門與東門的沿線，有中街、草店頭街、草店尾街等，〔註93〕到了光緒二十年（1894）鳳山新城建城已有百年的時間，縣城內已發展出了十五條街市。〔註94〕對照街市名稱與縣城規畫，可看到西門附近街市的興起，極有可能與打狗港開港有所關聯。〔註95〕

　　鳳山新城在打狗開港後，因為地利之便，成為了打狗港貨物轉運的集散地，使得縣城發展更加熱絡。納入了打狗港市場體系的鳳山縣城，雖面對著打狗港的日益開發，卻不感到威脅，直到清領末期都維持是鳳山縣最繁華的中心地位。惟日治時代開始打狗港的整建計畫與修築鐵路，交通日益便捷，

〔註92〕林滿紅，〈貿易與清末臺灣的經濟社會變遷（1860～1895）〉，收錄於黃富三、曹永和主編，《臺灣史論叢》第一輯（臺北市：眾文圖書公司，1980年），頁242、246～247、259。

〔註93〕王瑛曾，《重修鳳山縣志》，頁32。

〔註94〕盧德嘉，《鳳山縣采訪冊》，頁135～137。

〔註95〕簡炯仁總纂，《鳳山市志》（臺灣高雄：鳳山市公所，2004年），頁158。

統治重心轉移的情況下，鳳山新城才逐漸退下南路第一大城的位置，讓位給打狗，成為附庸於高雄市的衛星城市。

# 第三章　地理形勢與交通區位的比較

「古今宅基，莫大於都會。山水盤紆，人煙湊集，衣冠文物，運祚綿長。」
〔註1〕邑治城垣的所在位置及其形式結構攸關軍事防衛、政事運作與各項經濟
產業的發展，在選址擇建時，必須基於「政通人和」的現實要求，所以邑治
的形勢與風水就變成了設治的首要考量。〔註2〕前章曾提到鳳山縣治設治之
初，曾在興隆庄與鳳山庄間擺盪，最後的結果是興隆庄勝出，其中一項指標
便是「形勢」的優劣。「形勢」是天生的，關乎於自然地理，更與風水習習相
關，漢人傳統會攀附風水來使得統治政權更加的合法，同時也蘊含祈福的作
用，所以本章第一節即針對「形勢」的部份比較興隆舊城與陂頭新城週遭環
境的優劣，以討論官方建城及遷城時的心態。

「形勢」通常討論的是一地的格局，與近臨環境較為相關。本章第二節
討論「位置」，則是將視野放大到整個鳳山縣的道路網與臺灣府城的關聯中。
清代的交通不甚發達，陸路移動皆以人力和獸馱為主，於是一地是否在最省
時的交通路線上，便影響到地方的發展。鳳山縣城是鳳山縣的行政及軍事中
心，「位置」的優劣是足以影響到其會不會成為鳳山縣經濟中心的關鍵，本節
從交通位置來比較新舊城的優劣，試圖發現新舊城在鳳山縣疆域版圖中的關
鍵地位。

---

〔註1〕　青江子，〈宅基取法〉，《宅譜指要》，頁45。收錄於：魏青江《宅譜大成》（臺
　　　　北市：集文書局，1985年）。
〔註2〕　洪健榮，〈塑造境域「佳城」：清代臺灣設治築城的風水考量〉，《臺北文獻》
　　　　直字第155期（2006年3月），頁47～51。

# 第一節　新舊城的形勢與發展

　　清代鳳山縣的位置，大抵是西至打鼓山旗後港，東至港西旗尾溪臺灣縣界，北至二贊行溪臺灣縣界，南至枋寮口南勢埔，[註3] 以其時間不同而疆域略有改變。這一區的地理環境，以下淡水溪東岸的下淡水平原（屏東平原）與下淡水溪西岸的打狗平原（高雄平原）地勢較爲平坦，爲適宜拓墾的區域，打狗平原西側接海，而鳳山新舊城的位置剛好都是位在打狗平原上。

　　打狗平原在五、六千年前還是一處大海灣，後因臺南臺地、中洲臺地、後勁臺地隆起，使得大海灣形成古岡山灣、古典寶灣和古高雄灣三部份。左營的位置，則位在高雄灣的西北側，依偎著半屏山、龜山和柴山的北段，西邊是古名爲萬丹港的潟湖，東邊則是古高雄灣所形成的平原，蓮池潭和內惟埤則是古湖泊的殘留（圖3-1-1）。[註4]

　　史前時期至今，臺灣西南沿海的海岸線變遷，大約經歷了五個時期：（一）臺南期海侵（約 6500～5000B.P.），因全球暖化導致的海水上升，使得海岸線向陸地推進，許多今日的城鎮都淹沒水裡。（二）大湖期海侵（約 4000～3500B.P.），臺南期海退之後，海水面再度因氣候暖化而上升，此次海退之後，許多古潟湖水道也逐漸淤淺。（三）十七到十八世紀，當時海岸新淤，有許多海汊和港道可到達內陸，這些港道也造就許多活絡的貿易，如倒風內海的麻豆、茅港尾和鐵線橋都是當時繁華的市集。（四）十九世紀，歷經多次洪水堆積，海岸線向西推移，許多港道都淤塞，沿岸聚落也逐漸沒落。（五）二十世紀後，內海與濱外沙洲逐漸結合，河口段向西推移明顯，但沙洲外側則因颱風暴浪侵蝕後退。[註5]

　　臺灣西南沿海的海進的現象在六千年前大致是最高的階段，從鑽井資料來看，當時的高雄灣東側海岸線，緊貼著鳳山丘陵的西側，這個時期已發現有人類在高雄地區活動的現象，目前考古發現最重要的幾個聚落，就是緊貼著鳳山西側邊緣，海拔大約二十五到三十公尺的山丘，以福德爺廟、孔宅、六合所構成的遺址群，高雄灣南北兩個端點的遺址，就是鳳鼻頭和左營舊城

---

〔註3〕　王瑛曾，《重修鳳山縣志》（臺北市：臺灣銀行經濟研究室，1962 年），頁 8。

〔註4〕　劉益昌，《歷史的左營腳步——從舊城考古談起》（高雄市：高雄市政府文化局，2008 年），頁 19。

〔註5〕　張瑞津、石再添、陳翰霖，〈臺灣西南部嘉南平原的海岸變遷研究〉，《師大地理研究報告》第 28 期（1998 年），頁 86～91。

遺址。〔註6〕

圖 3-1-1　臺灣西部大湖貝塚時代古地理圖

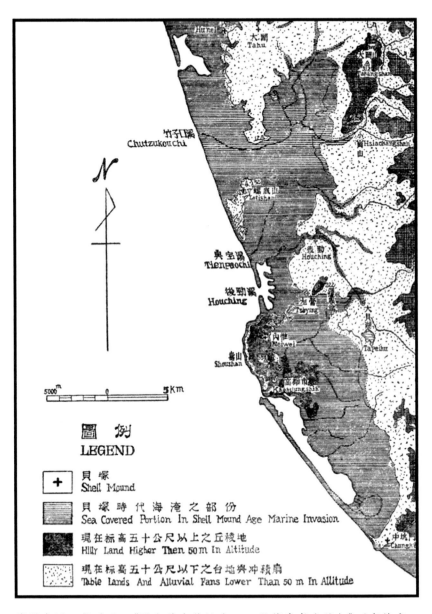

資料來源：劉益昌，《歷史的左營腳步——從舊城考古談起》（高雄市：
高雄市政府文化局，2008），頁19。

---

〔註6〕　劉益昌，《歷史的左營腳步——從舊城考古談起》，頁23。

鳳山興隆舊城與海的關係從史前時期就密不可分，而與陂頭新城的分別也以此展開，下面就針對兩者的形勢與發展來進行討論。

## 一、興隆舊城

史前時期的打狗平原（高雄平原），由考古出土的遺物可以辨別在歷史時代以前已有人類活動。荷蘭時期從臺灣番社的戶口資料中，沒有見到打狗平原上有任何番社的記載，但從《熱蘭遮城日誌》中，則可以見到關於居住在高雄縣岡山地區的「搭加里揚社」的紀錄，與伊能嘉矩在十九世紀末到二十世紀初在屏東地區所採訪到有關「大傑顛社」及「阿加社」平埔族的口訪資料不謀而合，顯示當時居住在岡山地區的「搭加里揚」平埔族社群，因爲受到荷蘭人的討伐，最後被迫遷移的過程。〔註7〕

打狗平原上除了搭加里揚的足跡外，清代的方志中也屢屢提到打狗平原上另一個先住族群的事蹟。「打鼓山：俗呼爲打狗山，原有番居焉。至林道乾屯兵此山，欲遁去，殺土番取膏血以造舟，番逃，徙居於今之阿猴社。明都督俞大猷討海寇林道乾，道乾戰敗，艤舟打鼓山下。恐復來攻，掠山下土番，殺取其血和灰衃舟以遁。其餘番，走阿猴林。今之比屋而居者，是其遺種也。」〔註8〕根據資料判斷，打狗山附近曾住有一些平埔族，明末海盜林道乾躲避到臺灣的打狗山上，遂將他們趕盡殺絕，於是舉族向東方逃難成爲了阿猴社。伊能嘉矩則針對此資料，將這些原居於打狗附近的土番稱爲打狗社，他們是屬於西拉雅馬卡道族的分支，「打狗」（Takou）的原義應該是馬卡道族「竹林」的意義，顯示他們居住的地點竹林茂盛，是從平埔族的發音翻譯成的文字。這跟《赤嵌集》所記：「臺地諸山，本無正名，皆從番語譯出。」〔註9〕的說法不謀而合。今日認爲「打狗」地名的由來，即與平埔族有很大的關係。〔註10〕

林道乾取番血作舟的記載雖然太過誇大，但可證明打狗社的確遭受到威

---

〔註7〕 簡炯仁，〈由《熱蘭遮城日誌》有關「搭加里揚」的記載試論岡山地區的平埔族〉，收錄於《高雄縣岡山地區的開發與族羣關係》（臺北市：文建會，2002年），頁2～27。

〔註8〕 陳文達，《鳳山縣志》（臺北市：臺灣銀行經濟研究室，1961年），頁5、164。

〔註9〕 王瑛曾，《重修鳳山縣志》，頁20。

〔註10〕 曾玉昆，《高雄市地名探源》（高雄市：高雄市文獻委員會，1997增訂版），頁142～143。

脅才舉族遷移。他們可能先遷徙到今日仁武鄉和大樹鄉間的丘陵區避難，並將 Takou 的頭一字「T」不發音，轉訛成「阿猴」（Akou），這一片丘陵都是樹林，於是就被漢人取名爲「阿猴林」，後來則又越過下淡水溪，居住在史籍中阿猴社（屏東市）座落的位置。直到後來乾隆年間又受到漢人的壓力，他們只好再往東北方遷移，最後到達今日屏東縣長治鄉番仔寮的位置。〔註11〕

　　打狗社似乎因爲被林道乾追逼而在打狗平原上消失了蹤跡，所以在荷蘭時期的番社戶口表中才沒有相關紀錄。但是一樣從《熱蘭遮城日誌》中可以看到，打狗附近依然有「野人」的出沒。林道乾來臺的時間是嘉靖四十二年（1563），到荷蘭時期出現打狗野人的記載是西元 1634 年，已經過了九十年的時間，或許當初逃離打狗的馬卡道族人有一些在亂事過後又遷回來，所以才會又有在當地活動的紀錄。〔註12〕

　　明永曆十五年（1661），鄭成功帶領大批官兵前往臺灣，登陸後，其一方面對荷蘭人進行軍事行動，另一方面則積極展開屯墾。「六月，藩駕駐承天府，遣發各陣營歸汛。左先鋒札北路新港仔、竹塹，以援勦後鎮、後衝鎮、智武鎮、英兵鎮、虎衛右鎮繼札屯墾；以中衝、義武、左衝、前衝、遊兵等鎮札南路鳳山、觀音山屯墾。頒發文武官照原給額，各六個月俸役銀，付之開墾。」〔註13〕明鄭時期在臺灣的土地拓墾，大致可分爲三種：官佃田園（官田）、文武官田（私田）、營盤田。〔註14〕上文由各鎮官兵自行前往各處屯田，自給生產糧食，就是營盤田，當時高雄地區主要的營盤田如圖 3-1-2 所示。

　　後勁庄（楠梓區）爲後勁鎮設鎮之所，右衝庄（楠梓區）則是右衝鎮所墾，清代改名爲「右沖」，今則稱爲「右昌」。左鎮庄（左營區），是宣毅左鎮所墾；前鋒庄（左營區），在今左營舊城內，爲前鋒鎮所墾；前鎮庄（前鎮區），爲中督提督「前鎮」所墾。上述這些聚落都因爲是明鄭時軍隊的開墾處，日後形成聚落，則即以該營鎮之名爲地名。〔註15〕

　　左營在明鄭即爲軍屯之所，前鋒庄更在日後興隆舊城之內，可見當時左

〔註11〕 簡炯仁，〈「打狗社」平埔族遷徙到「阿猴社」路線之初探〉，《高縣文獻》第 13 期（1993 年），頁 37～47。
〔註12〕 楊玉姿，《高雄開發史》（高雄市：高雄市文獻委員會，2005 年），頁 39。
〔註13〕 楊英，《從征實錄》（臺北市：臺灣銀行經濟研究室，1958 年），頁 189～190。
〔註14〕 吳進喜、李明賢、許淑娟，《高雄縣聚落發展史》（臺灣高雄：高雄縣政府，1997 年），頁 51～52。
〔註15〕 陳漢光，〈鄭氏復臺與其開墾〉，《臺灣文獻》第 12 卷第 1 期（1961 年 3 月），頁 51；曾玉昆，《高雄市地名探源》，頁 155～156。

營地區應該逐漸有些聚落產生，惟到清代時才有「興隆庄」之名稱出現。興隆庄的繁盛，因清代鳳山縣於此設治而起，但其拓墾而有聚落發展的基礎，則是從明鄭時期就開始建立。

圖 3-1-2　明鄭時高雄各聚落分布圖

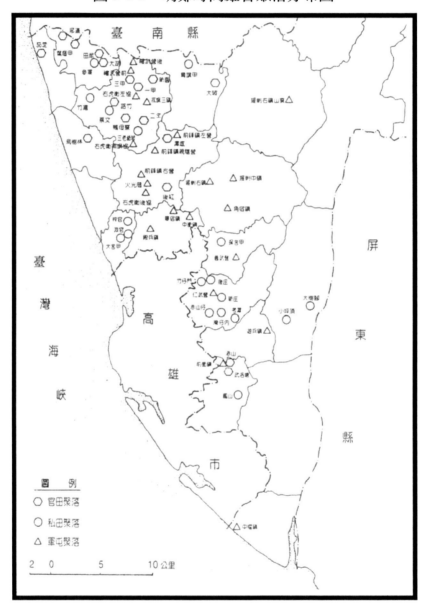

資料來源：施添福總纂，《臺灣地名辭書：卷五高雄縣（第一冊）》（南投市：臺灣省文獻委員會，2000），頁 3。

　　了解了清代之前興隆庄大致的發展過程，接下來就要探討興隆庄的形勢以及清代建立鳳山縣城於此的著眼點。鳳山縣是清初臺灣最南方的行政區域，面積廣大，奇景甚多。志書上記載：「鳳山縣旗鼓天生，龜蛇地設，鳳鳴高崗，鯤蟠巨海，最特出者有傀儡山，干宵插漢。東渡指南，又有淡水流清，蓮池吐豔，郎嬌波濤，貫耳如雷，所謂奇觀勝槩，約畧如此。」〔註16〕旗後山、打鼓山就位在興隆庄縣治的西方，一個距縣十二里，一個距縣七里，都位在比較靠海口的地方。〔註17〕龜山、蛇山則是包圍著縣治的南北，位在這些拱起大山腳下的小聚落興隆庄，有著得天獨厚的地理形勢，又有蓮池吐豔，在風水上而言，可謂是一塊寶地。「邑治之山，……其近而附於邑治者，如列嶂、如畫屏，曰半屏山（蓮池潭直通於山下）。濃遮密蔭，近接於半屏山之南者，為龜山：是邑治之左肩也。秀茂屹立，而特峙於大海之濱者，曰打鼓山；水師之營壘在焉。從打鼓山蜿蜒而下，勢若長蛇，為蛇山：是邑治之右肩也。」〔註18〕在「險峻」為軍事建城的考量前提下，興隆庄成為設治的好地點。

　　除了形勢的壯麗和風水的祥瑞之外，清初的治臺觀點以控扼中國海防為主，興隆庄的優勢就在於離海口近，其中海口的各港道，以打鼓港（或稱打鼓仔港、打狗港）最為重要。高志中記載打鼓山下的打鼓港，其港門因為巨石的阻隔，導致僅容一艦出入，但確實是有港可泊船的。看起來打鼓港的港道好像不甚寬，可供停泊的作用不大，但事實上打鼓港是當時臺灣扼塞中最為重要的地點。「如水之打鼓、陸之淡水，二者最為扼地。打鼓距鹿耳門水程不過二更耳，而船之自內地來者，遇北風盛發，恒至打鼓登岸。全臺恃鹿耳門為咽喉，港道窄狹，舟不得進；而鳳山之打鼓，則直可揚帆而至，所當加意以備不虞者。」〔註19〕打鼓港似乎是比逐漸淤塞的鹿耳門還來得重要，這也是為什麼高志中雖說打鼓港甚窄，但另一方面又說「南則有打狗、下淡水、鳳山、鼻頭諸港……，皆為水道之要津，而不可忽者也。」〔註20〕鹿耳門為臺灣與中國對渡的唯一正口，不論漢人上岸或是商船停泊都必須在此通關，

---

〔註16〕高拱乾，《臺灣府志》三種合刊本（北京市：中華書局，1985年），頁404。
〔註17〕王瑛曾，《重修鳳山縣志》（臺北市：臺灣銀行經濟研究室，1962年），頁13。
〔註18〕陳文達，《鳳山縣志》，頁5。
〔註19〕陳文達，《鳳山縣志》，頁33。
〔註20〕高拱乾，《臺灣府志》，頁516。

而打鼓港作爲鹿耳門的旁衛，可乘船直達鹿耳門，所以打鼓港的守衛也變得更加重要。

鳳山縣的河川水系來說，打鼓港爲「縣之鎖鑰」，而「北流分支，紆迴入治東南郭，外爲硫磺港。南流分支爲前鎮港，經鳳山庄之大林蒲，瀨東鹽場在焉，再轉南爲鳳山港；自南而下至於西溪，受淡水溪之水匯爲東港，入於海。」〔註21〕這些鳳山縣沿海重要的港口，也就成了水師營汛重要的駐防地。高志中提到康熙三十五年（1696）時，臺灣水師右營分防在打狗和岐後兩汛。並且設有千總一員，守兵七十名和戰船兩艘。〔註22〕這兩個港道之所以重要是因爲它們是鳳山縣唯一可通大商船和哨船之處，而打鼓港有港澳可供大船停泊，但因水道有暗礁，容易使船舶擱淺，所以黃昏過後就不許巨船出入。除了打鼓港和岐後港外，興隆庄縣治附近還有南方六里的硫磺港和七里的萬丹港（丹鳳澳）。〔註23〕

興隆庄由於具有特殊的形勢，不僅與漢人傳統風水觀念相結合，天然形勝壯觀，且海防地位重要的情況下，便被選址成爲清領初期鳳山縣設治的地點。

## 二、陂頭新城

鳳山縣的平原地形，如前所述主要是以打狗平原與下淡水平原爲主要拓墾區，打狗平原原是海退與地殼隆起所造就的結果，於是在平坦的地勢之外，可見許多小山丘阻隔了南來北往的交通。這片平坦的海岸平原，到了左營則有半屏山隆起，介於左營與打狗港（高雄港）間則有打鼓山（壽山），也有三百五十六公尺高。高雄平原的東半部和內門丘陵相接，內門丘陵的右半邊就是廣大的屏東平原。鳳山丘陵爲高雄平原的東南邊界，其東側就是屏東平原。地理位置上，鳳山丘陵與內門丘陵阻礙了往來的交通，唯一的缺口就在下陂頭街的位置。〔註24〕如圖 3-1-3 所示，下陂頭街的地形平坦是下淡水地區往來府治的必經道路，位置上的優勢造成了日後此地的繁榮。

〔註21〕王瑛曾，《重修鳳山縣志》，頁 21。
〔註22〕高拱乾，《臺灣府志》，頁 566～567。
〔註23〕王瑛曾，《重修鳳山縣志》，頁 21～25。
〔註24〕陳正祥，《臺灣地誌》（臺北市：南天書局，1993 二版），頁 855～857。

## 圖 3-1-3　高雄平原與屏東平原地形圖

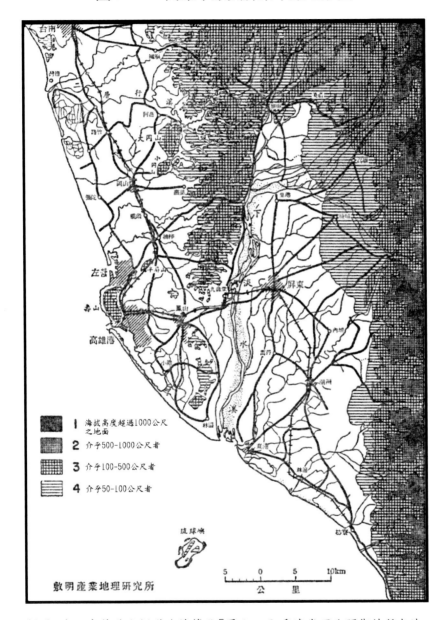

說明：今日高雄港右側道路的節點「鳳山」，即為清代下陂頭街的所在地；
　　　鳳山南側高地為鳳山丘陵；九曲堂北側高地為內門丘陵。

資料來源：陳正祥，《臺灣地誌》，頁 856。

明鄭時「竹橋陂」與「赤山陂」的興築，顯現出漢人已進入下陂頭街附
近開發的證據。「竹橋陂：在竹橋庄。水源在阿猴林來，灌竹橋庄之田。偽時

所築。又名柴頭陂。」、「赤山陂：在赤山庄。周圍百餘丈，注雨水以灌赤山
庄之田。偽時所築。」〔註 25〕竹橋陂又叫柴頭陂，也叫武洛塘，在鳳山新城
北門的附近，「陂頭」便是柴頭陂之頂的意思。赤山陂又稱公爺陂，有大小兩
陂相連，是今日的澄清湖。〔註 26〕從《永曆十八年臺灣軍備圖》（圖 3-1-4）
很明顯的看出赤山確有屯兵處。赤山是下陂頭街北方的重要聚落，下陂頭街
和赤山庄在明鄭時期皆已開墾。

### 圖 3-1-4　永曆十八年（1664）臺灣軍備圖

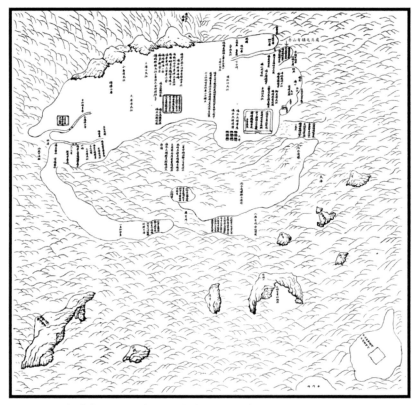

說明：北邊「↓」所指處，即為赤山屯兵處。
資料來源：陳漢光、賴永祥編，《北臺古輿圖集》（臺北市：臺北市文獻
　　　　　委員會，1957）

　　下陂頭街真正崛起的時間主要是在清領時代，從《康熙臺灣輿圖》中可

〔註 25〕陳文達，《鳳山縣志》，頁 30。
〔註 26〕吳進喜、李明賢、許淑娟，《高雄縣聚落發展史》（臺灣高雄：高雄縣政府，
　　　　1997 年），頁 54。

看到在鳳彈旁邊，標示有「埤頭汛：東至呵猴林拾里，西至硫磺水拾里，南至竹橋庄捌里，北至赤山拾里。」埤頭汛就是位在下陂頭街的位置，而在埤頭設汛兵，也顯示出下陂頭這個地方有其重要性才會派兵來駐守。提到下陂頭街的重要性，就必須先說明康熙年間下淡水區的開發。

　　清代所稱的下淡水溪，就是今日的高屏溪。鳳山縣境內的自然環境，主要有兩大平原區，其一是高雄平原，另外就是位在下淡水溪東側的屏東平原，下淡水區通常就是指稱這個地方。屏東平原是鳳山八社主要的居住地，其範圍東至中央山脈南段西坡邊緣的潮州斷層崖腳，西界下淡水溪及楠梓仙溪，北抵玉山山脈尾端旗尾、月光、茶頂等山山麓，南臨臺灣海峽。東西寬約二十公里，南北長約六十公里，面積約有一千兩百平方公里。其氣候全年皆夏，適合作物生長，惟雨量集中夏季，並且其本身為一個陷落的海灣低地，由周邊溪流帶泥沙堆積而成，所以各區域的灌溉優勢及防澇也是種植作物時需要注意的關鍵。

　　屏東平原是一個沖積扇平原（圖 3-1-5），從中央山脈發源的水系向西流注，在遇到緩坡以後堆積形成沖積扇。一般而言河流所帶下來的泥沙顆粒，依照大小先後被拋棄，堆積在平原上，第一層是顆粒較大的石塊或礫石，河水往往於扇頂向下滲透而成伏流，此沖積扇帶既缺乏深厚的土壤，又沒有足夠的水源，所以是不適耕的。適耕的地方是接下來堆積的扇端湧泉帶和沖積平原帶，都有平坦的土地及良好的湧泉灌溉。〔註27〕

　　遠在漢人進入屏東平原發展農作以前，居住在屏東平原的原住民早就發展了先進的稻作農業。除了史前時代所挖掘出的稻穀外，在文獻中最早記載的就是萬曆三十一年（1603）陳第的〈東番記〉，他提到居住在臺灣的平埔族有稻作的習慣，其中也包括了在其稱為「小淡水」的下淡水地區。〔註28〕清領臺後，將居住在屏東平原的原住民稱為鳳山八社，說他們是專靠種地為生的平埔社群。〔註29〕而且鳳山八社還發展出全臺最早一年二種的「雙冬早

〔註27〕施添福，〈國家與地域社會——以清代臺灣屏東平原為例〉，收於《平埔族群與臺灣歷史文化論文集》（臺北市：中央研究院臺灣史研究所籌備處，2001年），頁 36～40。

〔註28〕陳第，〈東番記〉，收錄於：沈有容，《閩海贈言》（臺北市：臺灣銀行經濟研究室，1959 年），頁 24～27。

〔註29〕蔣志中提到：「鳳山之下淡水等八社，不捕禽獸，專以耕種為務。」；高拱乾在〈治臺議〉中也提到「種地為生者，鳳山八社耳」。參閱蔣毓英，《臺灣府志》，頁 103；周元文，《重修臺灣府志》（臺北市：大通書局，1984 年），頁 304。

稻」，雙冬早稻是在十月和正月種，大約三、四月可收，〔註30〕也由於年可二穫，所以鳳山八社所繳納的租稅也是特別重。

圖 3-1-5　屏東平原的生態環境圖

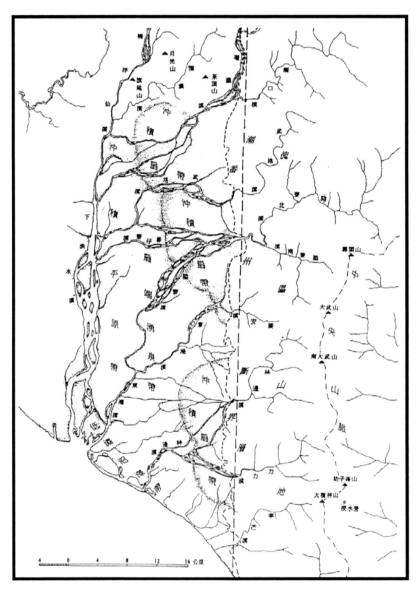

資料來源：施添福，〈國家與地域社會——以清代臺灣屏東平原為例〉，頁 37。

---

〔註30〕黃叔璥，《臺海使槎錄》（臺北市：大通書局，1984 年），頁 51～52。

屏東平原適宜耕作的環境，在日後吸引了大量的漢人移入，客家人移入屏東平原開墾，學習當地平埔族群的技術，乾隆年間也開始普遍的種植雙冬早稻以養活更多的人口。〔註31〕康熙五十八年（1719），清領臺已有三十多年的時間，在這當中，鳳山縣的疆域經過了一番變化，漢人拓墾的里莊，從領臺時的七里、二庄，到康熙末年已增加成爲九里、七庄，〔註32〕從新增加的疆域，可看出拓墾延伸的地方。值得注意的，新增加了「港東里」、「港西里」這兩個里，這兩里位於下淡水溪（高屏溪）的東方，隔著東港溪分成東西兩里。這證明了漢人的勢力已經跨越了高屏溪，並且「兆民日眾、人居日廣」，才會新設此兩里。

清代屏東平原的開發與客家人有很大關係，他們得知下淡水地區東岸還有尚未開墾的土地，所以相率移居，並招徠更多的族人一起開發。康熙三十五年（1696）後，因施琅去世，帶動了客家人拓墾下淡水區的高峰期。〔註33〕於是康熙五十八年（1719）鳳山縣轄多增設了港東與港西兩里，墾地擴展，北到羅漢門（高雄縣內門鄉）南界，南到林仔邊溪口（屏東縣林邊溪），下淡水、東港兩流域旁聚落星羅棋布，康熙六十年（1721）朱一貴亂時，屏東平原就已有 13 大庄 64 小庄的客家庄了，〔註34〕可見此時下淡水區已經有了一定程度的開發。從康熙三十五年（1696）高拱乾的《臺灣府志》中，鳳山縣只有安平鎮街、半路竹街、興隆莊街三個街市，且都位於縣治之北。〔註35〕到康熙五十八年（1719）鳳山縣內的街市則新增爲十條，其中縣治南方的下陂頭街和新園街、萬丹街，〔註36〕也反映了屏東平原被開發且重要性開始上升的事實。

屏東平原開發後，由於當地適產雙冬稻作，所以很快便成爲鳳山縣重要的米糧產地，府治和水師的糧米也多取自於此。〔註37〕被內門丘陵與鳳山丘

---

〔註31〕簡炯仁，〈鳳山八社與屏東平原稻作農耕之發展〉，收錄於《屏東平原先人的開發》（臺灣屏東：屏東縣政府文化局，2006 年），頁 63～67。

〔註32〕陳文達，《鳳山縣志》，頁 25～26。

〔註33〕因施琅在世時，清廷嚴禁惠、潮居民入臺，據稱是「蓋惡惠、潮之地素爲海盜淵藪，而積習未忘也」，但在其身歿後，禁令漸弛，所以客家人才得以大舉渡臺。參照：簡炯仁總纂，《鳳山市志》（臺灣高雄：鳳山市公所，2004 年），頁 135。

〔註34〕伊能嘉矩，《臺灣文化志》（中譯本）下卷，第 14 篇第 4 章，（臺灣南投：臺灣省文獻委員會，1991 年），頁 142、53、149、93。

〔註35〕高拱乾，《臺灣府志》，頁 509～510。

〔註36〕陳文達，《鳳山縣志》，頁 26～27。

〔註37〕陳文達，《鳳山縣志》，頁 30。

陵所阻隔的屏東平原，要將農產運往府治，沿著最省力的平原地帶行走，必須繞過這兩個丘陵，於是到達其間的缺口，也就是下陂頭街。憑藉著地理優勢，在屏東平原拓墾的過程中，下陂頭街就趁勢而起，成了陸運的樞紐。

下陂頭街的西邊可以直達打狗，東邊又控制著下淡水地區的陸運要衝，為前往屏東地方的重要轉運站。陸運樞紐的重要，讓下陂頭得以搶占地利之便，成為人口往來的聚集地。到了乾隆五十三年（1788）林爽文事件後，在舊城殘破和營防的要求下，清朝聽從福康安的建議將鳳山縣治遷往下陂頭。〔註38〕

## 三、形勢上的比較

了解了新舊縣城的地理環境與早期發展後，就要深入比較兩者在形勢上的優劣。興隆舊城「邑治旗、鼓兩峰，實天生之挺翠；龜、蛇二岫，壯文廟之巨觀。十里荷香，蓮潭開天然之泮水；七鯤漁火，海島列圖畫之藩籬。」〔註39〕在風水上來說，理想的風水格局重得水、藏風、聚氣等有機因素，以大地「生氣」所凝聚的穴位為中心，其後倚綿延而來的青翠山脈，左右有小山丘拱衛穴位兩側，穴前開闊的平原上，有河川環抱、溪流縈繞或湖泊相映，前方更遠處另有案山與朝山作為屏障。〔註40〕興隆舊城更是符合其中群山環抱的要素，而蓮池潭也符合「得水」的要件。得天獨厚的風水寶地，不僅建城可以倡旺鄉里，對於文教的發展也發揮一定的說服作用。〔註41〕蓋在興隆舊城外的學宮「前有蓮池潭，為天然泮池；潭水澄清，荷香數里。鳳山對峙，案如列榜。打鼓半屏插於左右，龜山、蛇山旋繞擁護，真人文勝地，形家以為甲於四學。」〔註42〕所以初期考量鳳山縣城的所在地，興隆庄就以其形勢上的優越條件贏過當時發展較為成熟的鳳山庄。

興隆舊城擁有得天獨厚的形勢，對於風水上來說也是建城的好所在。但「成也蕭何，敗也蕭何」，因為被群山環繞所以地勢較低，易有排水不良的問

〔註38〕張朝隆，〈清朝鳳山縣治遷移之研究〉（臺灣臺南：國立成功大學歷史學系碩士論文，2001年），頁40～45。

〔註39〕陳文達，《鳳山縣志》，頁4。

〔註40〕洪健榮，〈塑造境域「佳城」：清代臺灣設治築城的風水考量〉，頁48。

〔註41〕洪健榮，〈清代臺灣文教發展與風水習俗的關聯（下）〉，《臺灣風物》第55卷第3期（2005年9月），頁84～88。

〔註42〕陳文達，《鳳山縣志》，頁14。

題，加上位置偏僻，所以無法留住民心。反觀陂頭新城，早在康熙末年就因為位置的優勢成為鳳山縣最大的街市所在，日後的發展更是突飛猛進，而有「埤頭溪山環繞，烟戶繁盛甲一邑」之稱。〔註43〕由於平原地勢，讓下陂頭新城「氣局寬宏」又較為「爽敞」，於是成為鳳山縣的首善之區，並進而成為名實相副的縣城所在。以單一形勢來看興隆舊城勝過陂頭新城，但從整體形勢來看陂頭新城卻是勝過了興隆舊城，所以《臺陽見聞錄》才會說「鳳邑縱橫百餘里，本城道路適中；前棄舊城而移此，必非無意。」〔註44〕

　　新舊兩城在形勢上的比較結果，舊城的建城形勢，受到軍事與風水的影響上，較新城來得壯觀，是一塊風水寶地，但在城池長久發展上來說，新城地勢較為開闊，可以發展的腹地較多，兩者各有優劣。要再更深入討論兩者在鳳山縣疆域中被定位的意義，就必須由下一節「交通位置」的討論，來進一步分析。

# 第二節　交通位置的比較

　　鳳山縣城的建立擁有政府賜予的行政中心功能，於是官方與民間在此交會，進而造成人潮的聚集。清代臺灣由官方所建立起的主要道路，也是連結區域發展的重要關鍵，鳳山縣城是臺灣府城南方的首要關卡，重要性不言可喻。本節討論清代鳳山縣城與縣內交通路線的相關性，並藉由各條路線的重要性與交會次數的多寡，探討道路交通位置對於決定鳳山縣城所在地有何關聯，試圖重建鳳山縣內道路的發展以及與臺灣府城的關係，最後理解鳳山縣城的確立受到交通位置的影響有多大。

## 一、鳳山縣官道之形成

　　本論文對於「官道」的定義，是官方在傳遞公文，進行區域移動時所行走的道路。清代治理臺灣之初，大多承續著明鄭時期的成果，除了地名的沿用，軍事上的重要據點政府也持續派遣軍隊進駐。臺灣一開始只設了一府三縣，人口及開發較盛的地方是位於現今臺南市的臺灣府城附近，雖然因遷鄭氏軍民回中國，一度荒落，但在禁渡令取消，允許中國沿海漢人移入臺灣後，

---

〔註43〕丁紹儀，《東瀛識略》（臺北市：臺灣銀行經濟研究室，1957年），頁3。
〔註44〕唐贊袞，《臺陽見聞錄》（臺北市：臺灣銀行經濟研究室，1958年），頁17。

臺灣的拓墾又再度興盛了起來。鳳山縣位於臺灣府城的南方，幅員廣大包涵了現今的高雄市以及屏東縣市。政治力延伸的觸角，如何深入行政疆域的規畫，從當時的官道可以略知一二。《康熙臺灣輿圖》〔註45〕是理解清初臺灣發展的重要地圖，從地圖上所繪製的路線圖可看到清領初期，從臺灣府城出發往南路鳳山縣的道路沿途經過的地方，由虛線所構成的官道，官道上的聚落節點如下所述：

> 臺灣府城（臺南市）→桶盤棧（臺南市東、南區）→二層行（高雄市湖內區）→長治里（高雄市路竹區）→半路竹（路竹區）→北領旗（路竹區）→濁水溪（阿公店溪）→中衝崎（高雄市橋頭區）→楠仔坑（高雄市楠梓區）→鳳山縣城（高雄市左營區）→赤山仔（高雄市仁武區）→下埤頭（高雄市鳳山區）→竹橋庄（高雄市鳳山區）→上淡水社（屏東縣萬丹鄉）→下淡水社（屏東縣萬丹鄉）→力力社（屏東縣春日鄉）→茄藤社（屏東縣佳冬鄉）→放索社（屏東縣林邊鄉）→沙馬岐頭（貓鼻頭）〔註46〕

根據上述路線所繪出來的圖，如圖 3-2-1 所示，從臺灣府城一路到楠仔坑都是呈大致的直線，到了楠仔坑後便轉彎，先前往位於興隆庄的鳳山縣城，再從鳳山縣城通往赤山仔，之後到下埤頭街，然後一路往東跨過下淡水溪來到下淡水地方。這條呈現在《康熙臺灣輿圖》中的官道，因為鳳山縣營盤位於興隆庄的縣城，所以必須從楠仔坑繞道經過，但實際上在楠仔坑通往赤山仔間未有阻礙之下，為了節省時間，一般的民眾往來行走便直接從楠仔坑通往赤山仔，並不通過興隆縣城。如此一來，在楠仔坑便岔出兩條路線，一條是通往鳳山縣城，一條是直接通往赤山仔，赤山仔也因位於通往鳳山縣的岔路口，於是成為重要的路站。〔註47〕

---

〔註45〕《康熙臺灣輿圖》根據考證大概是繪於康熙三十五至四十三年（1696～1704年）之間，不僅詳述當時臺灣聚落與軍事要地，更重要的是用虛線描繪出當時臺灣南來北往的交通路線圖，再搭配上鳳山縣的地形圖以及方志中的敘述，便可以還原當時的主要官道。

〔註46〕其中過東港溪後另有一條路通往東港營盤。路線圖參照：黃智偉，〈統一之道——清代臺灣的縱貫線〉（臺北市：國立臺灣大學歷史學系碩士論文，1999年），頁16。今日位置對照，參照：洪英聖編著，《畫說康熙臺灣輿圖》（臺北市：聯經出版社，2002年），頁170～218。

〔註47〕黃智偉，〈統一之道——清代臺灣的縱貫線〉，頁18。

## 圖 3-2-1　《康熙臺灣輿圖》道路復原圖

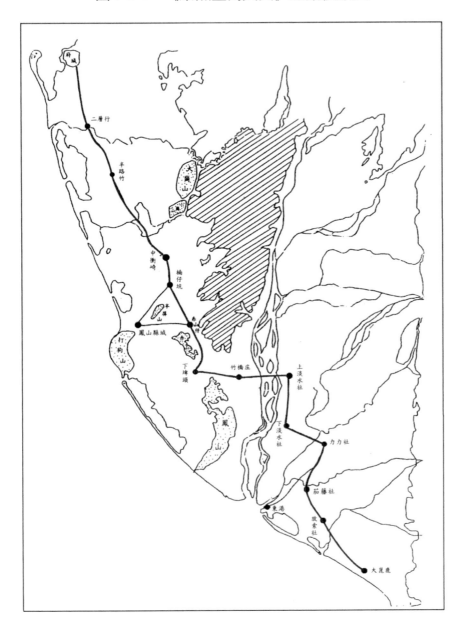

說明：本圖依照資料來源重製、改繪。

資料來源：黃智偉，〈統一之道——清代臺灣的縱貫線〉，頁 17。曾怡菁，
　　　　　〈大高雄地區之城街發展〉（臺北市：國立臺灣師範大學歷史
　　　　　學系碩士論文，2004），頁 131。

這一條路線究竟是何是開始成形的？因為明鄭時期並沒有留下相關的路

線圖，所以無從考察，但從《澎湖臺灣紀略》一書及沈光文〈平臺灣序〉中可以略見當時南路的道路情況，其記載是直從赤嵌城後一路往南 140 里到赤山仔，再經過下淡水溪到達下淡水地區的各個番社。赤嵌城到赤山仔間才是鄭氏時期屯田的密集地，卻略過不提，直達赤山仔，可見赤山仔雖然只是個小村落卻有其重要性。〔註 48〕上節提到赤山陂的赤山庄便是赤山仔的所在，在明鄭時期就已經是一個重要的軍屯區，或許也因為位居孔道，所以赤山才會被當作重要的駐守之地。既然清代是延續著明鄭的統治而來，必然會留心這些重點地區。清代在臺派遣的綠營兵制等級分五類：標、協、營、汛、塘。營就是分守各地扼要的城邑和關隘，鳳山縣城就是南路營所駐紮。汛則遍布在較為偏僻的地方，或是熱鬧的市鎮，不必專門建營，但仍須防守的地方。汛是設弁帶兵，塘則是只安目兵，負責一些稽查奸宄、護送行旅、護送公文的雜事，而且塘通常由汛撥出兵員，也不由千把總帶領，可見塘似乎僅類似一種關哨，雖有駐兵，但人數太少，真有亂事也起不了作用。〔註 49〕

　　根據蔣毓英《臺灣府志》可知清初鳳山縣的汛地有：觀音山汛、鳳彈汛、下淡水汛、康蓬嶺（林）汛（上為陸師汛）、崑身蟯港汛、打狗仔岐後汛（上為水師汛）。〔註 50〕這些都是控扼臺灣山防或維護中國海防的重要孔道，但其都偏離主要的官道，只有鳳彈汛位於下陂頭街附近，不禁讓人納悶如此一來行政與軍事體系如何藉由「官道」來進行便捷的溝通與連結？首先鳳山縣的行政中心和南路營設在興隆庄，是一般民人往來可以被略過的城市，而下淡水巡檢則設在東港，有另一條岔路可前往。〔註 51〕上述許多政治、軍事扼塞都遠離官道，似乎是清領初期延續明鄭規畫的最好表徵，代表當時清朝對臺灣的了解還很薄弱，在倉促統治之下，許多的政策都還只能沿用，但清朝也會依照日後的需求不同，加強改善統治的方法。《康熙臺灣輿圖》中出現了好幾個塘，大湖塘、半路竹塘、楠梓坑塘、赤山仔塘。對照傳遞公文的舖舍：下淡水舖、縣前舖、南馬坑舖（楠仔坑）、中衝崎舖、鯽魚潭舖、江山溪舖（二贊行溪舖）、府前舖。〔註 52〕這些郵傳的舖舍，除了鯽魚潭舖以外，大多都位

---

〔註 48〕黃智偉，〈統一之道——清代臺灣的縱貫線〉，頁 15～16。

〔註 49〕許雪姬，《清代臺灣的綠營》（臺北市：中央研究院近代史研究所，1987 年），頁 294～295。

〔註 50〕蔣毓英，《臺灣府志》三種合刊本（北京市：中華書局，1985 年），頁 207～209。

〔註 51〕蔣毓英，《臺灣府志》，頁 116。

〔註 52〕蔣毓英，《臺灣府志》，頁 132。

於圖 3-2-1 的官道之上，這也代表大、小崗（岡）山地區雖不在官道上，卻也是重要的駐守區域，自有其發展，下面會再提到。赤山仔的重要性上文已提過，而半路竹則是和赤山一樣，在《永曆十八年軍備圖》中即已出現，是個歷史悠久的聚落，由於位置適中，民居又盛，遂成為縱貫線上的重要一站，甚至在康熙三十五年（1696）率先成街，〔註 53〕可見其繁華程度和重要性。楠仔坑除了位當前往興隆庄鳳山縣城和赤山仔的重要孔道外，也是郵遞舖的所在，更重要的是它連結了觀音山汛通往縱貫線的路口，於是在此設塘也是必要的。大湖塘的設置，和楠仔坑塘有異曲同工之處，位在不遠處的康蓬林汛也必須經由大湖接上縱貫線，所以大湖塘作為康蓬林汛的出口，防守也是必須的。〔註 54〕

　　上文重建康熙初年鳳山縣到臺灣府城所行經的主要官道，乃是延續明鄭時期的交通路線而來，但到了康熙末年和雍正初年，由於人口增加，加上統治上的方便，將少數路段截彎取直，更符合官道便捷快速的效應，於是這條官道漸趨定型。由《鳳山縣志》中的疆域圖與《雍正臺灣輿圖》〔註 55〕來觀察此時的官道，互相集合的結果，得出了以下的路線：

　　　臺灣府城→桶盤棧→二層行→大湖→半路竹→二濫→阿公店→竿蓁林→小店仔→楠仔坑→竹仔門→草潭→苦苓門→下埤頭→打鹿潭→（過下淡水溪）→小赤山→新園→茄藤社→放索社→下六根→大崑鹿→枋寮口

這直線從臺灣府城到下淡水地區的路線，將其稱為正線。這條正線的確定，就是由於《雍正臺灣輿圖》中清楚的繪出從楠仔坑經竹仔門、草潭、苦苓門到達下陂頭的路線。這條路線根據我們上文的推測，在清領初年就是這樣行走，只是礙於縣城在興隆庄所以《康熙臺灣輿圖》並沒有標示在官道上。由此可知，欲以最快速度走完臺灣府城到下淡水的路程，是不需要經過當時位在興隆庄的鳳山縣城，但為了傳遞公文及辦公收租等需要，還是必須刻意繞到鳳山縣城，再轉出直往他處去。此處就將從楠仔坑通往興隆縣城的道路稱為興隆里側線，以顯示和正線的區別。

〔註 53〕康熙三十五年（1696 年）時，鳳山縣內僅有的三條市街，就是安平鎮街、半路竹街和興隆庄街。參閱：高拱乾，《臺灣府志》，頁 509～510。
〔註 54〕黃智偉，〈統一之道——清代臺灣的縱貫線〉，頁 18。
〔註 55〕《雍正臺灣輿圖》現存於國立故宮博物院，繪製年代界於雍正 5～12 間（1727～1734 年）。

　　比較康熙末期的路線圖和清領初期（康熙中期）的路線圖，除了承認從楠仔坑到下陂頭街的路徑以外，臺灣府城到楠仔坑之間的道路也略有改變。康熙中期的路線在濁水溪附近（阿公店溪），本來是經過北領旗、前鋒營往南，這都是明鄭時軍屯之地，到了康熙末期則往東偏移，經由二濫、阿公店等聚落，二濫由於是濁水溪和官道（縱貫線）的交叉口，又位置剛好在均分臺灣府城到下陂頭街的道路中心點，於是重要性逐漸提升。再往下走，本來是經過中衝崎的路線，如今改經中衝崎西方的小店仔（橋仔頭），於是中衝崎日漸沒落，則由小店仔取代了。

　　另一方面，在下淡水地區的路線則有很大的變化。從前路線爲了經過最多番社，彎曲繞路的情況在康熙末期已不復見，取代的是新的更直的道路，本來繞了五社，如今只經過茄藤社和放索社。這同時也顯示出下淡水溪首要渡口的改變，從前在竹橋庄和上淡水社間過渡的情形，如今也改爲從打鹿潭和小赤山間過渡。小赤山是一座泥火山，是下淡水溪岸的顯目地標，此段的河床最窄最穩定，是一處極佳的渡口。小赤山後接新園街，一個是連接下淡水溪兩岸的重要孔道，一個是下淡水區發展快速的熱鬧街市，也顯現在康熙末年下淡水巡檢從東港移駐小赤山，而下淡水汛也移防新園街的事實。〔註56〕

　　鳳山縣的疆域如此之大，除了主要正道（縱貫線）聯繫南北往來的道路外，爲了溝通偏離縱貫線的區域往來，還有許多次要的道路，這些道路上很多重要的軍事節點，藉由次要幹道的連結與主幹道交會，於是又接回縱貫線來，方便傳遞訊息與臺灣府城和鳳山縣城溝通。到康熙末年這些次要路線也漸趨定型，並構成繁茂的路線圖。除了縱貫線以外，次要的道路有四條：興隆里側線、下淡水線、崗山線、鳳山海線。興隆里側線前已敘述過，是鳳山縣城通往楠仔坑及下陂頭地方的道路。崗山線則是縱貫線東方的重要道路，連結的是軍事要地大小崗山，往南經過援勦右到角宿、石井，然後繞到觀音山汛，最後再回到楠仔坑接上縱貫線。這些近山地方大多爲明鄭時期就已開墾的軍事要地，尤其又控扼著進出羅漢門和阿猴林這些易藏奸匪的地區，交通線的發展對於軍事的調動和訊息的流通非常重要，崗山線也成爲一個重要的道路。

　　鳳山海線則是從半路竹開始爲分歧，從此縱貫線在東較往內陸行進，而

---

〔註56〕陳文達，《鳳山縣志》，頁 12、26。

鳳山海線則是走海線，經過海灣、港口聚落，到了萬丹港（左營軍港）後接右衝（左營區），然後往東接回縱貫線的楠仔坑，往西則接到興隆庄的鳳山縣城。這條靠海的道路，也顯現出漢人移民在沿海地區經營漁塭養殖、捕魚、曬鹽等相關行業的昌盛下，對於沿海道路線的需求。

　　下淡水線則是下淡水區南北往來的重要道路，縱貫線到了下淡水區就呈現一路往南的趨勢，直往南端的枋寮口，其中經過下淡水巡檢和下淡水汛。但是從小赤山一路往北方，才是下淡水區最精華的屏東平原所在。由於土壤肥沃，氣候四季如春，屏東平原所產的農產足以提供整個鳳山縣與臺灣府城所需，遂成為鳳山縣的米倉所在。這麼重要的地方當然必須有道路支援農產的運送，於是便發展出了通往萬丹、上淡水社、阿猴社往北的道路線，到康熙末年一路還延伸到塔樓社和篤加地方，雖然還不夠完備，但已足夠將當時開墾的米糧由此道路線往南過下淡水溪，運往臺灣府城。〔註57〕

　　鳳山縣的道路逐漸定型，在這些道路網中可窺探鳳山縣的區域發展是如何和這些交通互為表裡，其顯示的就是鳳山縣區域發展最精華的各地區。康熙五十九年（1720），鳳山縣的街市從原本的三個，增加為十個，為「興隆庄街、楠仔坑街、中衝街、阿公店街、半路竹街、安平鎮街、大湖街、下陂頭街、新園街、萬丹街。」〔註58〕幾乎全部的街市在道路網上都可以找到，這代表了便捷的道路方便人口的往來，人潮往往就是錢潮，於是商賈往人潮聚集的方向靠攏，人口又在便利的地方停駐消費，循環之下帶動了街市的興起。

　　康熙年間是漢人進入臺灣的快速發展期，此時期的鳳山縣的交通網漸漸成型。到了乾隆朝後，鳳山縣的拓墾也漸趨飽和，交通網也隨著漢人所到之處更深入，甚至有更多的發展。根據臺灣總兵陳林每的巡閱路線所繪製的《乾隆臺灣輿圖》，結合《番界圖》、《郵傳圖》的路線整理出乾隆期鳳山縣的道路總圖〔註59〕。（圖 3-2-2）除了康熙雍正年間的五條路線以外，多出五塊厝側線、攀桂橋線、下淡水山線等道路，另外需要注意的是，原本的下淡水線持續發展，本來停在篤加，在乾隆朝也往北延伸，一路接到臺灣縣的羅漢門地

---

〔註57〕黃智偉，〈統一之道──清代臺灣的縱貫線〉，頁 20～25。

〔註58〕陳文達，《鳳山縣志》，頁 26～27。

〔註59〕此處的鳳山縣道路總圖，為了與臺灣府城銜接，於是會通過少段是臺灣縣的土地，為了統合討論且不讓道路終點中斷的情況下，將部份臺灣縣地區也納入討論，但主體大多都為鳳山縣土地，所以在此稱為鳳山縣道路總圖。

區（高雄市內門區），然後往西延伸，接到崗山線再從此通往臺灣府城，也成爲南路的第二條官道。五塊厝側線是從歧後通往下陂頭的道路，途中經過五塊厝，也使五塊厝聚落崛起。這條通往海口的路線，連接了日後的鳳山新城（下陂頭街）與港口聚落歧後，在臺灣開港後更顯得重要與繁榮。下淡水山線則是因爲總兵官陳林每基於視察番界各隘口的需要，特地繞行的路線。他從大崑鹿往北出發，至五溝水轉西北，最後在阿猴接上下淡水線，沿線上只有東勢汛正式派有兵力駐守，其餘防務皆由熟番負責。

　　攀桂橋線與延伸後的下淡水線一樣，都是在朱一貴事件之後，此地的軍防日漸重要才派駐軍隊守備，漸漸形成往來要道。從篤加往北延伸的下淡水線可通往羅漢外門銜接上臺灣縣的土地，羅漢外門即今日的內門區，羅漢內門則是美濃、旗山一帶的盆地區。羅漢外門與下淡水溪只有一水之隔，屬於中路由臺灣縣管轄，是臺灣縣東部的邊陲地帶，又與鳳山縣東北的邊陲地帶相接，康熙年間就有道路相通，朱一貴事件後由於其起事地點在羅漢門，更受到官方的重視，便在事件後加強此處的防佈。攀桂橋線控扼的則是羅漢門以南的山地，以大烏山爲主脈，向南漸緩，到無水寮、仙草埔一帶降爲平地，地點大約位在今日大樹區與鳥松區的山區，這一塊地方也就是俗稱的阿猴林。阿猴林在往昔就常有採捕、抽藤、鋸板之徒進出其間，山徑叢雜，朱一貴的黨羽就經常避居於此，以躲避官方的追緝，無怪乎清朝想要好好的掌控此地，以免匪徒常居山中作亂，於是發展出南北向的攀桂橋線，便於巡查此區，另外阿猴林對外也有兩條路線，一條從割蘭坡嶺接到石井，一條從攀桂橋與石井相接，從圖上可看到攀桂橋與割蘭坡嶺都是通往下淡水地區的重要路口，而石井控扼其往崗山線的出口，軍事位置重要，於是取代觀音山汛設汛防守。〔註60〕

　　康熙年間南路鳳山縣的道路網逐漸成形，到了乾隆年間除了接合臺灣南北的縱貫線以外，還發展出另一條官道「下淡水線」可與臺灣府城相接，鳳山縣的道路網於焉已甚妥備與定型，要到清朝後期才有略爲更動。

〔註60〕黃智偉，〈統一之道──清代臺灣的縱貫線〉，頁83～92。

## 圖 3-2-2　乾隆時期鳳山縣道路總圖

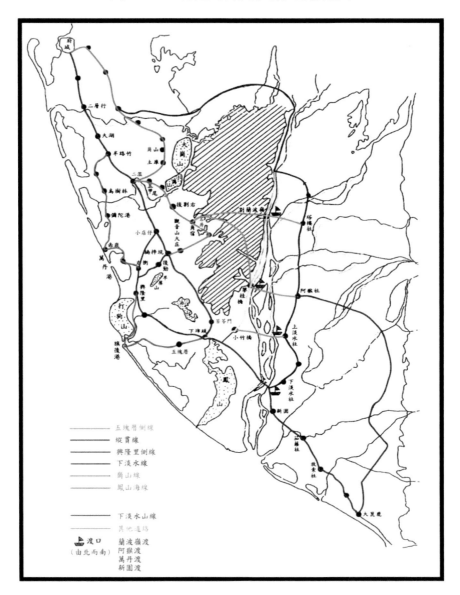

說明：本圖依照資料來源重製、改繪。

資料來源：黃智偉，〈統一之道──清代臺灣的縱貫線〉，頁 90。曾怡菁，

〈大高雄地區之城街發展〉，頁 133。

## 二、交通區位的比較

　　清代交通南北往來，主要依賴的還是人力和獸馱，有「日行五十里」之

稱。〔註61〕臺灣的地形多樣,有高山、臺地、丘陵等較高的地勢,也有平原、盆地等較平緩或低的地形。在交通不便的拓墾初期,如果要往來兩地,通常會選擇坡度較平緩的地帶來行走,為了縮短旅行時間和避開險阻,於是位於路線中的聚落就會因為可提供商旅往來休憩之所而興起。

　　康熙三十五年(1696)時,鳳山縣內僅有的三條市街,就是安平鎮街、半路竹街和興隆庄街,興隆庄街得力於縣城的設置才得以發展起來。而郵傳舖的設置往往也會帶動人潮的聚集,當時鳳山縣的四個郵傳舖則為興隆舖、楠仔坑舖、中衝崎舖、鯽仔潭舖,〔註62〕都是在縣城以北,也代表較重要的區域還是集中在接近臺灣府城,明鄭時期已開墾的地方。〔註63〕鳳山縣的縱貫線道路,可能在明鄭時期就已形成,但在人口不多的情況下,可能還未受到廣大的使用。直到康熙中末葉後,大批漢人移入下淡水地區墾耕,這條路線便益發顯得重要,而打狗平原前往下淡水區的節點:下陂頭街,聲勢逐也跟著看漲。

　　清領初期,興隆庄成為鳳山縣城的所在地,於是建立起「臺灣府城——鳳山縣城」的道路線,商旅往來通關都要通過行政中心,加上南路營的駐紮,大量的士兵與消費需求,帶動了興隆庄街的形成。雖然康熙四十三年(1704)知縣才奉文歸治,甚或是到康熙六十年(1721)才至鳳山縣城辦公,但事實上縣城的設立對於興隆庄街的形成是有極大的正面效益。但隨著拓墾的腳步愈來愈深入,下淡水區成為鳳山縣的米倉或是供應府城糧食的重要來源後,路網延伸至下淡水地區,興隆庄在交通位置上的劣勢更一覽無遺。前述康熙朝縱貫道路從臺灣府城延伸進入鳳山縣,經過半路竹、北領旗、中衝崎來到楠梓坑,其實是一直線,但到了楠梓坑後應該要走右線前往赤山仔,到達下陂頭街後再一路往東,才是前往下淡水區的最快路線,但行政中心偏偏在西側的興隆庄,於是商旅便要繞過半屏山到達位在興隆庄的鳳山縣城,再起程前往赤山仔,等於是一趟可以走完的路程,要增加時間分成兩趟才能完成。可想而之,最省時的方式就是略過興隆舊城不走,便可較快到達下淡水區。興隆舊城迫於形勢被屏除在重要的交通路線上,所以在乾隆五十三年(1788)遷城之前,縣官治事早就「恒在相距十里之埤頭街」。〔註64〕興隆庄因為僻處

〔註61〕黃智偉,〈統一之道——清代臺灣的縱貫線〉,頁271。
〔註62〕高拱乾,《臺灣府志》,頁48～49。
〔註63〕徐雪霞,〈明鄭時期漢人在臺灣的拓展〉,頁213。
〔註64〕丁紹儀,《東瀛識略》(臺北市:臺灣銀行經濟研究室,1957年),頁3。

海隅，且不在縱貫線道路主要的節點上，於是很快就被淘汰出局。

　　乾隆末年，由於鳳山縣拓墾日趨成熟完善，於是也發展出了不少區域間的道路線，除了主要的縱貫線外，還有下淡水區的下淡水線拓展了前往臺灣府城的另一條主要道路。興隆舊城除了原本通往楠梓坑與下陂頭的興隆里側線外，還發展出了從興隆舊城到歧後港，再從五塊厝繞回下陂頭的「五塊厝側線」。這條道路是興隆舊城和陂頭新城通往海口的道路，重要性在清末愈發重要。〔註65〕這兩條路線最後都連接到陂頭新城，可知這兩條道路線對興隆舊城是比較必要的，它們通往鳳山縣第一大城下陂頭，要辦公或是購物都很重要。反之，對下陂頭新城來說，可以不用繞道興隆舊城，對於生活機能也並無影響。

　　陂頭新城優越的位置，處於縱貫線往來的交通要道上，是鳳山縣通往下淡水區與往來臺灣府城的必經要道。雖然乾隆末年已發展出其他道路可以不用繞道下陂頭即可前往府城，但下陂頭變成官方認可正式的鳳山縣城所在地，於是鳳山縣行政、軍事加上商業中心的地位，更是讓下陂頭穩居鳳山縣第一大城的位置。所以嘉慶九年（1804）知縣吳兆麟倡建四門，最後在北邊通往臺灣府治開了北門，北門外另開一個外北門，吳兆麟並在外北門上題名「郡南第一關」，可見到嘉慶時期，鳳山新城無庸置疑已經成為臺灣府治以南最重要的城市。

　　興隆舊城雖然在早期官方的設治建城的政策下，成為鳳山縣的首善之區。但其空有自身良好形勢，卻僻處海隅，偏離人口主要活動的區域路線，行政中心所帶來的利基無法延續下去，官員人民都往整體位置與交通節點較為優秀的下陂頭街靠攏，於是演變成嘉慶末年遷回舊城的決議確定後，官員卻干冒犯上的風險而不願履行遷城政策的結果。新城開闊的環境與交通位置的優越，在長時間人民移動的選擇下，最後勝過了軍事形勢壯觀與風水優良的舊城，於是始建城時攀附的風水之說，也由於人心的善變與整體發展的考量下，變成見風轉舵，而有了不一樣的結果。

〔註65〕黃智偉，〈統一之道——清代臺灣的縱貫線〉，頁87。

# 第四章　軍事地位的比較

　　清朝領臺的統治政策原是消極性質，之後略有變動多是因爲臺灣發生大規模的變亂，才引起進一步的思考與變革。縣治所在地爲一縣最重要的核心，官方必須積極的守城，而叛賊卻也欲搶攻下這最重點的區域，以得到兵器或糧食的補給，於是清初才有不築城政策，就是怕叛賊聚城難攻才有的思考模式。

　　本章針對興隆舊城與陂頭新城在清代所遭遇的變亂，試圖觀察兩城在戰略上的重要性，並統計兩城遇亂的次數，來討論在軍事的觀點上，兩城各占了怎樣的角色，希望能從此得到新舊兩城在戰略上的優劣比較。本章討論的時間爲清代鳳山縣全期，主要討論的民變則以文獻中有提到攻入鳳山縣城、興隆庄、下陂頭街的事件爲主，其餘不納入討論。

## 第一節　民變統計

　　清代南路鳳山縣所發生的亂事，有文獻可供查考的主要有二十一次，[註1]其中康熙六十年（1721）的朱一貴事件、雍正十年（1732）的吳福生事件、乾隆五十一年（1786）的林爽文事件、嘉慶十年（1805）的吳淮泗事件、道光四年（1824）的許尚與楊良斌事件（簡稱許楊事件）、道光十二年（1832）的許成事件與咸豐三年（1853）的林恭事件，則是本章主要討論的事件。朱一貴事件與林爽文事件、吳淮泗事件、林恭事件中，鳳山縣城都曾被攻陷，

---

〔註1〕　許雪姬、劉淑芬、方惠芳，〈清代鳳山縣的研究〉，《高雄文獻》第 23、24 期合刊（1985 年），頁 122～133。

而許楊事件與許成事件則是縣城遭逢戰亂後退敵，吳福生事件則是敵人欲攻下陂頭營盤，最後失敗的事件。以下就逐一介紹各個事件發生的起因與經過，第二節才進行通盤的討論。

## 一、朱一貴事件

　　康熙六十年（1721）四月，清治臺以來第一次大規模的民變「朱一貴事件」發生。這次事件蔓延全臺，短短不到十五天的時間，全臺幾乎都淪陷。從朱一貴事件中可看出清初臺灣社會的結構與諸多政策上的弊病，而後續也引發治臺政策的一些變革。以下先簡述朱一貴事件發生的過程，主要以鳳山縣的戰事為主。

　　朱一貴，小名祖，彰州長泰人，從小就喜歡交結朋友。康熙五十二年（1713）時渡海來臺，康熙五十三年充臺廈道轅役，但不久就被罷職，於是居住在鳳山縣母頂草地養鴨為生。其鴨號稱都整隊出入，行走排列整齊，地方人士皆嘖嘖稱奇。康熙六十年（1721）鳳山知縣缺，於是臺灣知府王珍便派他的次子來主持鳳山縣務，其子不僅胡亂捉拿人民，課徵稅收也相當苛刻。當時因為地震、水災過後，民眾合夥謝神唱戲，便無故說百姓結拜，捉拿了四十多人；又捉砍竹者二、三百人，索賄不給者便責大板後，驅回原籍；耕牛、糖磨舖都要給錢，砍藤人也要勒派抽分，不斷的以雜稅或力役來騷擾民間，使得人民不得休養生息。於是當年四月十九日，黃殿、李勇、鄭定瑞與朱一貴等人便結盟，聚眾羅漢門準備起事，託稱朱一貴為「大明」後代，高舉「激變良民」、「大明重興」、「大元帥朱」等字旗，號召了一千多人，夜劫岡山塘。〔註2〕

　　四日二十一日，朱一貴起事的消息已傳到臺灣府城，但眾將領認為岡山距離府治才三十里，賊勢應該未盛，導致過於輕敵，只派了四百兵力，加上新港、目加溜灣、蕭壠、麻豆四社土番前往殺敵。當天下著細雨，泥濘難行，右營遊擊周應龍率兵走了五里便在半路店休息，隔天則走了十五里，屯兵角帶園（疑為「圍」誤）。敵人夜襲楼榔林，康蓬林汛把總張文學戰敗，使得軍械被敵人所得。隔著二層行溪的周應龍來不及救援，敵人便趁勢劫掠大湖汛。朱一貴黨徒的氣勢正盛，在下淡水檳榔林的傭工客民杜君英也帶人來會，共

---

〔註2〕　〈朱一貴供詞〉收錄於：臺灣銀行經濟研究室編，《臺案彙錄己集》（臺北市：臺灣銀行經濟研究室，1964年），頁2～3。

謀劫掠臺灣府庫，此外還有起事於草潭、下陂頭、新園、小琉球的各方領袖，都願追隨杜君英與朱一貴共事。二十三日，朱一貴移屯在岡山山麓，與周應龍相遇，朱一貴大敗，退入山內，在袁交友（援勦右）莊屯住。周應龍收兵駐紮二濫，楊來、顏子京也回下淡水。因為周應龍在二濫下達的政策失誤，使得番民亂殺良民領賞，於是百姓懼怕遂投靠朱一貴黨，約有二萬多人。周應龍進駐楠仔坑，接到南路營參將苗景龍的警報，說林曹已攻下新園，位於下淡水的營汛也失守。

　　四月二十六日，周應龍在南路營紮營，二十七日，清兵與敵人在赤山相遇，朱一貴和杜君英兩路夾攻，清軍大敗，周應龍敗出逃往府治。朱一貴率眾追捕周應龍，而杜君英則攻鳳山縣城，鳳山陷落，參將苗景龍逃往萬丹港躲在漁寮，還是被敵人所擒殺。赤山大敗，臺灣府震驚，士民相率出海逃難。二十八日，總兵官歐陽凱、游擊劉得紫率兵千餘人，與臺協水師副將許雲率兵五百，紮營在春牛埔。三十日，朱一貴黨到達府城，雙方激戰，朱一貴敗逃，退屯竿津林。五月一日，朱一貴黨徒聚集上萬人，清軍在春牛埔迎敵，鎮兵內有通敵者刺總兵歐陽凱墜馬，其遂被截首而去。眾多將士傷亡，清軍大敗，臺協水師諸將便率戰船四十艘往澎湖去，其餘文武官員也逃往澎湖或是中國內地。

　　攻陷臺灣府城後的朱一貴與杜君英，各自佔領臺廈道署與總兵官署，又同開府庫，分掠金銀，同時搜括火藥軍器。五月三日，立朱一貴為王，加黃袍、玉帶、通天冠，坐擁上堂稱萬歲，稱號「永和」。南路朱一貴與杜君英攻陷臺灣府城的同時，北路的起事者也豎旗聚眾攻陷了諸羅縣城，於五月五日率眾前往臺灣府城見朱一貴請功領賞。朱一貴見全臺俱陷，高興之餘便大封諸黨，歡宴數日。

　　另一方面，逃難的官員到達澎湖，決心死守澎湖。閩浙總督覺羅滿保得知臺灣陷落的消息後，遂征召南澳鎮總兵藍廷珍籌畫進兵臺灣事宜。清朝大軍籌畫的同時，在府城的朱一貴和杜君英卻開始不合，導致內亂的發生。攻下府城之時，杜君英欲立其子杜會三為王，眾不服，於是立朱一貴，杜君英已不甚滿意。後朱一貴禁止士兵淫掠，杜君英的黨眾又屢勸不聽，遂遭受軍法處置，於是引起兩方爭執。杜君英與林沙堂等率領粵籍的黨眾出走，往北到虎尾溪，駐紮在貓兒干劫掠半線南北的村社，只有南崁以北還未到達。當時只剩下淡水營還未陷落，守備陳策一方面堅守崗位，另一方面遣人至廈門

求援，覺羅滿保前後發往救援淡水的兵力共有一千七百餘名。

五月二十七日，藍廷珍到達廈門，覺羅滿保委任帶領八十多名將弁，八千多名精壯目兵，並大小船隻四百多艘，加上舵工水手四千多名的士兵，前往澎湖和水師提督施世驃會合，再一同前往臺灣。六月十日到達澎湖，由施世驃分定調遣，全部戰力總數共有一百二十多名將弁、目兵丁壯一萬二千餘名、大小船隻六百餘艘、舵工水手六千餘名，軍需武器和糧餉皆由廈門整備提供。清軍聽聞敵人內訌的消息，百姓已不附，且捲入戰事的民眾人數多達三十萬人，不可盡殺，遂以招降、投誠者免其死罪為主要戰略。

六月十三日，從澎湖出發。六月十六日舟師到達鹿耳門外，用砲攻火藥處，最後登岸奪取鹿耳門砲臺，並趁勝攻下安平鎮。後朱一貴派大批人馬二次復犯安平皆被清軍擊退，只好留在府城不敢再攻鯤鯓。六月二十一日，藍廷珍留三分之一的兵力會攻府治，率五千五百多名舟師趁夜向西港仔進發。二十二日，在竿寮鄉登岸，棄舟徒步，大敗敵軍，並在二十三日督兵南下，追殺敵軍到達蔦松溪，直逼臺灣府城而來。朱一貴率領萬餘黨徒逃跑，藍廷珍便收復了府城。二十二日，施世驃也帶領水陸官兵從府治西南與南方進攻，二十三日兩軍於府治會合。

臺灣發生亂事的消息於六月傳到京師，康熙皇帝了解後遂命令採取撫勦的方式，先柔性勸說不從才勦滅，並派遣浙江將軍塔拜率領二千兵力赴閩協防。六月二十五日，皇帝的上諭才到達閩省，覺羅滿保領旨後委任興泉道陶範前往臺灣安撫百姓，並署理臺廈道事。同時調汀州知府高鐸任臺灣知府，建寧通判孫魯為臺灣府同知和臺灣知縣，海澄知縣劉光泗為鳳山知縣，漳浦知縣汪紳文為諸羅知縣，前往臺灣安定後續事宜。府城平定後，施世驃與藍廷珍便分遣大軍擴清南北二路，收復南路營鳳山縣，並安撫下淡水各處社番。北路則於六月二十八日，在大穆降大敗敵軍，投降者與逃跑者眾多。朱一貴率領數千人逃往灣裏溪，清軍收復鹽水港，朱一貴再逃往下加冬。閏六月初一，收復府城的捷報傳至廈門，覺羅滿保遂命令藍廷珍署理臺灣鎮總兵官事。閏六月七日，朱一貴等敵軍領袖被擒，黨眾俱散，經施世驃、藍廷珍訊問後，遂被押解送往廈門，聽候送往京師正法。

朱一貴雖被捉拿，而其黨徒還在臺灣各地零星起事，讓清軍疲於奔命，加上八月的颱風暴雨，還有瘴疫的流行也折損不少官兵。九月中旬在追補餘黨方面頗有展獲，陳福壽、杜君英父子都前來投降，同時水師提督施世驃因

病去世，藍廷珍便領提督職務。十月藍廷珍分三路大舉搜羅漢門諸山，以防
匪徒逋逃求斬草除根，在大武壠、傀儡內山等地也派兵搜尋，並諭番眾不許
窩留，同時繞至瑯嶠山後命土番大加搜捕，盡縛越番界之漢人。〔註3〕

　　朱一貴起兵不到十五天，全臺俱陷，清軍抵臺後用七天的時間就將府城
收復，但事實上朱一貴餘黨的搜捕，最後是花了兩年的時間才肅清完全。事
後總督覺羅滿保也提出了增兵的建言，而藍鼎元則針對覺羅滿保的提議略加
修改：

> 於南路添設下淡水營守備，帶兵五百，駐箚新園；設岡山守備，帶
> 兵五百，駐箚濁水溪埔，扼羅漢門諸山出沒實徑；北路添設半線守
> 備一營，帶兵五百，居諸羅、淡水之中，上下控扼，聯絡聲援；以
> 諸羅山守備駐箚笨港，增兵二百名；添設下加冬守備一營，兵五百；
> 郡治添設城守遊擊一營，兵八百，與鎮標三營相埒；再加羅漢門、
> 郎嶠各添設汛兵三百，則全臺共計增兵三千六百名。〔註4〕

藍鼎元認為羅漢門和瑯嶠是需要重兵防守的地方，羅漢門可扼中南兩路的聲
氣，上可控制大武壠、下可彈壓岡山，往東可阻斷賊人的巢穴與生番的出路，
西可攔阻猴洞口、舊社、紅毫寮的退路，形勢非常緊要。瑯嶠也是極邊之地，
更需要重兵防守。可惜如此良善的建言提出，卻依舊被皇帝否決，不論是覺
羅滿保提出的增兵三千五百人，或是藍鼎元的三千六百人，都沒有付諸實現。
最後只同意讓道標守備撥歸左營，帶把總一員，兵力二百四十名駐防岡山；
道標千總撥歸左營，帶兵一百二十駐防下加冬；水師協營撥千總一員，帶兵
一百五十名駐防笨港；把總一員，帶兵一百二十名駐防鹽水港。〔註5〕臺灣發
生了如此重大的亂事過後，皇帝卻不重視兵員不足的警訊，未增一兵一卒，
只在原有的兵額中左右調度，頭痛醫頭，腳痛醫腳，難收根本之效。

## 二、吳福生事件

　　雍正九年（1731），北路大甲西社番亂，流棍吳福生見南路空虛，趁機作
亂。雍正十年（1732）在鳳山縣濁水溪、阿猴林一帶起事，三月二十九日進

---

〔註3〕 藍鼎元，《平臺紀略》（臺灣南投：臺灣省文獻委員會，1997年），頁1～34。
〔註4〕 〈覆制軍臺疆經理書〉，收錄於：藍鼎元，《東征集》（臺灣南投：臺灣省文獻
　　　　委員會，1997年），頁35。
〔註5〕 〈論復設營汛書〉，收錄於：藍鼎元，《東征集》，頁76～77。

攻岡山汛，然後一路焚燒舊社、石井、猴洞，豎「大明」旗，以招募更多起事者。四月二、三日，進攻埤頭營盤，並燒燬萬丹的巡檢衙署。〔註6〕埤頭營盤就在當時的鳳彈汛旁，本地為縣治的咽喉，防守甚為重要，〔註7〕於是吳福生一行人打算先攻下鳳彈，作為全面佔領南路的前哨。

當時的鳳彈汛，原制只有把總一名，步戰守兵六十名，這六十名還要分防二十一名目兵給打鹿潭塘與小竹橋塘等四個塘口，〔註8〕可見守兵之少。鳳彈汛栽植莉竹防禦，當時守備張玉也在此鎮守，他命令士兵夜懸火繩密布樹間，敵人疑懼不敢前進，連攻數次都無法攻下。不久，總兵官王郡帶著援軍抵達鳳彈，檄張玉出戰，張玉雖奮勇殺敵，但被敵人包夾受困，最終戰死。〔註9〕

當時北部大甲西社番亂，府治的兵力多北調，導致留在府治的兵少。臺鎮總兵王郡聽聞陂頭被敵人圍攻的情況，在四月四日的夜晚決定率軍南下。四月五日王郡的援軍到達陂頭，和參將侯元勳、守備張玉來個三路夾攻，以敗其前鋒。賊眾且打且散，復集後，自辰至未戰數合，賊大潰，清軍生擒蕭田等八人。翌日，搜捕賊巢，將吳福生、商大概等三十餘主事者逮捕，亂事遂平，〔註10〕只是守備張玉、外委千總徐學聖和鄭光弘，都不幸在此役戰死。事後郝玉麟上奏欲鼓勵的有功名單，把功勞都歸給了鳳彈汛的把總黃陞，〔註11〕而張玉的事蹟被上級聽聞後，也給予一子蔭千總的撫恤，並且還有後人為之作傳。戰亂之時，守備張玉不駐守興隆縣城卻鎮守在鳳彈，也顯示出陂頭之重要，導致守備可能平常就在此協防駐守。

吳福生事件後，嚴重曝露出南路營兵員不足且兵力分散的情況，而岡山再度成為豎旗之地，朱一貴事件後雖然有撥左營的道標守備，還帶把總一員與二百四十名兵力駐防岡山，但似乎未見成效，敵人還是如入無人之境，輕易的就破壞了附近的舊社、石井、猴洞，並一路直往埤頭營盤而來。岡山離南路營參將署遙遠又僻處深山，離府城雖近但又有二層行溪阻隔，形勢的阻

〔註6〕 〈署福建總督郝玉麟奏臺疆安帖情形摺〉，收於：臺灣銀行經濟研究室編，《雍正硃批奏摺選輯》（臺北市：臺灣銀行經濟研究室，1972 年），頁 228～229。

〔註7〕 王瑛曾，《重修鳳山縣志》（臺北市：臺灣銀行經濟研究室，1962 年），頁 194。

〔註8〕 陳文達，《鳳山縣志》（臺北市：臺灣銀行經濟研究室，1961 年），頁 54。

〔註9〕 王瑛曾，《重修鳳山縣志》，頁 226～227。

〔註10〕 王瑛曾，《重修鳳山縣志》，頁 225～226。。

〔註11〕 〈福建總督郝玉麟奏為微弁有勞績伏懇格外施恩以示鼓勵摺〉，收於：臺灣銀行經濟研究室編，《雍正硃批奏摺選輯》，頁 254。

隔，成爲南路首發攻佔的好據點。除了岡山的重要性浮顯出來外，鳳彈汛也
成爲日後清代官方防守的重點區域。郝玉麟也說位在下陂頭街旁的鳳彈汛是
整個鳳山縣的保障，必須守住鳳彈，才能保衛鳳山縣的安全，進而保衛臺灣
府城的安全。下陂頭街爲往來下淡水區的要道，從下淡水區運到臺灣府城的
糧米，都必須到下陂頭轉運，下陂頭的繁盛和位置的重要，軍民皆知，所以
吳福生才會集中火力要攻佔下陂頭，而鳳彈汛的固守與否，就成了關係鳳山
縣是否淪陷的重要關鍵。

　　雍正十一年（1733），改革營制，南路營新設都司一員，駐紮山豬毛口，
分防下淡水兼防阿里港等汛。守備一員駐紮鳳彈，分防下埤頭等汛。千總由
二名增爲三名，一員隨防縣治，其他兩員分防新園等汛和觀音山汛。把總從
四人增爲六人，隨防縣治、鳳彈分防下埤頭汛、山豬毛口分防下淡水兼阿里
港等汛、分防觀音山石井汛、分防板桂橋汛。南路營守兵由一千名，增設爲
一千五百名。五百名駐紮縣治、二百五十名駐鳳彈，分防下埤頭等汛、三百
名駐山豬毛口分防下淡水兼防阿里港等汛、一百五十名駐新園等汛、五十名
駐萬丹等汛、二百五十名分汛防守巡哨南路地方。

　　南路營隸屬臺灣鎮總兵官統轄外，鳳山縣又增設「岡山營」屬於臺灣城
守營參將管轄，分左軍守備駐紮於此。設有左軍守備一員，駐防岡山汛與附
近小塘；把總一員，隨防岡山汛兼轄附近小塘；步戰守兵一百八十人，從左
軍守備轄軍五百人中分出，需按班撥成。〔註12〕

　　官方終於正視南路兵員不足又分散的事實，並在軍防重點：三豬毛口、
岡山等地增設營兵，而人口密集之處，如鳳彈、新園、萬丹、阿里港等地也
加強防守。其中又以岡山營獨立於南路營之外，最爲重要，代表岡山的陸防
系統脫離了南路營的管轄，自成一獨立軍事區。

## 三、林爽文事件

　　乾隆五十一年（1786）繼朱一貴事件之後，又一場撼動全臺的起事發生。
彰化縣人林爽文與天地會的同夥密謀，在十一月時，林爽文在北路起事，南
路則由莊大田豎旗響應。

　　莊大田是彰州平和人，乾隆七年（1742）父親莊二渡海來臺，本居諸羅
縣，他在父親死後才搬到鳳山縣的篤嘉港地方（屏東縣里港鄉）。他以耕田爲

────────────

〔註12〕王瑛曾，《重修鳳山縣志》，頁186。

生，家境小康，他住的地方離賊藪番仔藔（屏東縣長治鄉）很近，遇到奸匪有急的時候，莊大田便慷慨的資助，深得盜賊的敬重，也是能號召群眾跟隨的主因。莊大田也是天地會的一員，當林爽文在北路起事，莊大田就和他的族弟大韭、大麥號召群眾一起響應。這場戰事來得又急又猛，乾隆五十一年十一月林爽文起事，先是在二十七日就攻下彰化縣城，在十二月六日又攻入諸羅縣城。〔註13〕莊大田也在十二月十三日進攻鳳山縣城。「南路營參將瑚圖里領兵三百人，出北門禦賊。賊至，乘馬南馳，莫知所往。千總丁得秋，把總許得陞、外委唐宗保、王朝桂戰死，城遂陷。知縣湯大奎，典史史謙死之。教諭葉夢苓、訓導陳龍池得脫出城，攜家屬赴陂頭避難，招集義民，謀復城。」〔註14〕興隆縣城被攻陷後，倖存的官員則前往下陂頭街避難。可惜隔年的一月十九日下陂頭街也被攻入，這些倖存的官員和其家屬也都遇害。彰化、諸羅、鳳山三縣皆淪陷後，林爽文和莊大田計畫由南北二路包夾進攻臺灣府城。

　　亂事剛起之時，福建總督常青聽聞即調派水陸大軍萬人前往臺灣平亂，並帶領候補和新調知縣等官員一同前往。乾隆五十二年正月十三日，水師提督黃仕簡分配，由海壇鎮總兵郝壯猷帶領統領臺協副將丁朝雄和長福營參將那穆素里、金門遊擊陳元、閩安都司羅光照、難蔭守備黃喬，率兵一千五百人收復鳳山，駐守桶盤棧的遊擊蔡攀龍和參將瑚圖里，則率領當地七百名的士兵相助。除了這些兵力，另有游擊鄭嵩帶領臺協水師三百人，並帶提標金門征兵二百人，走海道至打鼓山登岸，統攻鳳山之南。

　　清軍抵臺後，南路戰事屢屢告捷，二月二十二日，郝壯猷便收復了鳳山縣城。鳳山縣城雖然收復，但「鳳山衙門民舍，賊焚之略盡。」所以臺灣府經歷羅倫進入城內安定民心，郝壯猷的軍隊也仍然駐紮在東門外。興隆縣城已經收復，但莊大田的勢力在下淡水區仍然很盛，於是分派兵力到下淡水區進行勦滅的行動。其間在兵力調派的過程出了問題，遭逢敵人偷襲，於是敗陣下來，就在官兵萎靡之際，敵人首領莊錫舍率領三千賊眾，來犯鳳山營盤，郝壯猷斂兵入城內，屯在西龜山頂，分兵守城門。三月八日，莊大田帶領大隊黨眾到達縣城外開始攻城，使用裡應外合的戰略，在城內放火，讓清兵手足無措開始潰逃。乾隆五十二年（1787）三月八日，鳳山縣城再度淪陷，而

---

〔註13〕張雄潮，〈清代臺灣民變迭起迅滅的因素〉，《臺灣文獻》第 15 卷第 4 期（1964 年 12 月），頁 28。

〔註14〕盧德嘉，《鳳山縣采訪冊》，頁 393。

鳳山既陷，賊益猖獗不可制矣。〔註15〕

　　在乾隆五十二年冬天，由陝甘總督福康安帶領大隊人馬抵臺，經過五個月的征討，終於全臺平定。乾隆五十三年（1788）的善後處理中，鳳山縣城由興隆庄遷往下陂頭街，而南路兵力的佈屬也有了更動。岡山營原有左軍守備千總帶兵一百三十五名駐守，亂後再添兵四十五名。鳳山縣城原駐參將一名，千總、把總、外委八名，兵力四百六十二名，跟隨縣城遷往下陂頭街，然後添兵三十八名，共計五百名。南路營既然移到下陂頭街，原在下陂頭街旁的鳳彈汛就被裁撤，汛內原有兵力撥一百一十六名，由千總一員帶往興隆舊城的龜山上移駐。加派兵力到南方水底寮的險僻之處，撥鳳彈汛的守備、把總一員，兵力一百名，加上新添五十名的兵力前往駐紮。番薯寮是要隘，從大武壠山通往鳳山的小路，都是從番薯寮經過，所以添兵二十名，額外外委一名，隨時往來巡防。〔註16〕之所以會有零星的員額需要補足，是因為雍正十一年（1733）改制時，原有的兵力不時會被調往新設的外汛，南路營原有的五百兵力，有三十八名被調往新設的外汛；鳳彈汛原額二百五十名，亂前只剩下二百二十六名；岡山汛原額一百八十名，亂前只剩下一百三十五名，所以福康安便在亂後設計將兵員補足。〔註17〕

## 四、吳淮泗事件

　　「吳淮泗事件」是指海盜蔡牽的黨羽吳淮泗，於嘉慶十年（1805）十一月二十三日攻陷鳳山縣城的事件。關於蔡牽侵擾南部沿海的過程，在第二章已有提到，本章則略述一遍。

　　嘉慶三年（1798）九月初二，蔡牽海盜集團正式被記載，由臺灣逃回內洋，可見其已在臺灣沿海出入。在後續的幾年中，都可以看到蔡牽不斷的在騷擾中國東南沿海的省份，並在嘉慶八年（1803）二月時和天地會合作。〔註18〕

〔註15〕盧德嘉，《鳳山縣采訪冊》，頁394～400。
〔註16〕臺灣銀行經濟研究室編，《欽定平定臺灣紀略》（臺北市：臺灣銀行經濟研究室，1961年），頁962～963。
〔註17〕黃智偉，〈統治之道——清代臺灣的縱貫線〉（臺北市：國立臺灣大學歷史學研究所碩士論文，1999年），頁179。
〔註18〕臺灣銀行經濟研究室編，《清仁宗實錄選輯》（臺北市：臺灣銀行經濟研究室，1963年），〈弁言〉，頁1。

　　嘉慶九年（1804）六月初七，蔡牽又到臺灣鹿耳門在北汕木寨突襲，殺害官兵。嘉慶十年（1805）閏六月初八，蔡牽黨徒又打算騷擾臺灣，但被清兵追捕，清兵與蔡牽不斷對峙，展開海上追逐。〔註 19〕嘉慶十年（1805）十一月二十三日，吳淮泗攻入當時位在下陂頭街的鳳山縣城，不久福建臺灣鎮總兵官愛新泰便克復陂頭新城。〔註 20〕在善後處理的過程中，福州將軍賽沖阿提議將鳳山縣城遷回興隆舊城，賽沖阿以下陂頭街距海較遠，當敵人從海上來時就無法兼顧為由，加上興隆舊城有天然形勢的優勢比起陂頭新城好，〔註 21〕於是嘉慶皇帝就同意將鳳山縣城遷回興隆舊城。

　　此一事件引起的後續效應，就是鳳山新舊城的爭議逐漸浮上臺面，針對維護中國東南沿海防衛為選址要點的海防派，與重視臺灣動亂發展的陸防派，在興隆舊城與陂頭新城何者適合成為鳳山縣治的問題上不斷角力。

## 五、許尚與楊良斌事件

　　道光四年（1824）發生在鳳山縣的許尚與楊良斌事件，起先是以許尚為首，在許尚被捉後，眾遂推楊良斌為領導。許尚本為鳳山縣人，以賣檳榔為業，平時就常與地方無賴交往，盜匪很喜歡與他為伍。當時鳳山知縣杜紹祁代補臺防同知缺，署理鳳山縣的事情便由劉功傑來代理。劉功傑銳意捕盜，許尚因為被鄉保告發，害怕被捕意圖謀反。其黨眾本來是約定道光四年十月十一日集議，先攻下淡水縣丞署，次攻埤頭，最後再攻臺灣府，但缺少資源，於是先劫掠地方尋求資金。臺灣知府方傳穟聞盜起，遂命縣內即刻追盜。許尚的陰謀當時還未洩露，但是同莊的劉黃中略有所聞，遂將許尚留置家中苦勸。劉功傑找不到許尚和楊良斌，於是就將他們家放火燒了，最後在劉黃中家，捕獲許尚。

　　方傳穟在府城訊問許尚，聽聞他們要造反的事，認為許尚的黨徒都還在，一旦陰謀被洩露一定加速其造反的速度，況且「埤頭無城，不可守也，劉令初仕，其參將又懦，宜增兵防。」他也深知如臺灣匪民嘯聚甚易，一旦南路有事，北路就會起應，反之亦然。亂既未起，宜先安排北路防備，南路則由

〔註 19〕臺灣銀行經濟研究室編，《清仁宗實錄選輯》，〈弁言〉，頁 1～2。

〔註 20〕臺灣銀行經濟研究室編，《清仁宗實錄選輯》，頁 74。

〔註 21〕〈戶部「為內閣抄出福州將軍賽沖阿奏」移會——酌議鳳山縣城移回舊縣興隆里地方由〉，《明清史料》戊編第二本（臺北市：中央研究院歷史語言研究所，1972 年），頁 165。

方傳穟坐陣出馬。陂頭新城是鳳山縣的精華區最讓人掛心，所以增派府城兵力二百協守下陂頭。

另一方面楊良斌聽聞許尚被抓，黨欲散，其認為不可，遂被眾人推舉為首。楊良斌有完整的規劃，他們聚集在黃梨山中，然後製刀、杖、旗幟，還向番通事潘巴能借砲，以林溪為軍師，林溪是皂役中的內應，官方消息靈通。黨眾分領紅旗與烏旗，並大規模招攬群眾加入，預計十月二十四日晚上進攻下陂頭，並趁勝進攻府城。但在二十一日，林溪到下陂頭街購買布料製旗時被官兵捉住。楊良斌於是不待眾集，二十二日晚上將黨眾數百人分為西、北兩路進攻下陂頭。他們先殺了苦苓門汛兵，再從竹圍的縫隙進入鳳山新城中。

鳳山新城中已部署好，分兩組守著縣署與倉庫。賊先至倉庫，被都司翁朝龍擊退，縣前柵門也被賊眾砍斷進入，但也被鄉勇擊退。情勢是對清兵有力，但是參將卻擁兵火藥庫不出，還跟翁朝龍說倉署不可守，必須進入火藥庫躲避，因為火藥庫是土垣建的，四面阻水，當年蔡牽也攻不破，所以應該守在火藥庫以避免敵人的大軍來襲。於是文官、武將都隨之進入火藥庫，老百姓以為官員都逃走了，民心潰散，給了賊眾大肆搶掠的機會。

十月二十三日夜晚，郡城聞警，方傳穟先將郡城的防禦加強，隨後與署臺鎮趙裕、福中營遊擊楊俊督師前往鳳山救援。二十四日部署完畢即出發，二十五日經過阿公店，認為是南北適中之地，遂留二百兵勇，以扼其衝，道乃通。二十六日到達埤頭，先撤消劉傑功職務，讓杜紹祁回任，亦以翁朝龍代原本署鎮參將；其次再加強鳳山新城的竹圍，加深濠溝；後採取招降的方法，對於自首者免罪。杜紹祁募了八百鄉勇，分一半守陂頭，一半追敵，同時安撫縣役中通賊者，不復追究。

這時賊眾逃往黃梨山，殘眾雖有不下數千人，但卻都被各路兵屯要隘約束，聲氣不通，無法進行大規模的行動。楊良斌見眾不集，大為驚懼，其黨遂離。兵勇進攻，遂潰。官方懸重賞捕賊，諸多領導都被捕，而逃往彰化的楊良斌也被縣令李振青捕獲送郡，南路遂平。

此次事件是臺灣大規模起事中少數沒有蔓延全臺的事件，南路辦賊，北路卻宴如，並且短短的一個月內就平定，還不需要依賴中國的支援軍隊，僅臺灣兵力就足夠平亂。

許尚與楊良斌事件雖是烏合之眾，卻也非常有企圖心，對於起事頗有規畫。所以說臺灣亂事的平定，如果郡縣得人的話，也是可以依靠臺灣的兵力

對賊眾達到好的牽制效果。而此次事件除了反應出清代官方的一次勝利外，卻也顯露了清領臺以來基本政策上的隱憂，「不築城」政策的實施使得縣城無城可守，而城牆的重要在戰時更是能發揮具體作用。鳳山縣城因為無城可守，賊眾便輕易的用刀砍壞木柵或是從竹圍的縫隙進入城內。鳳山縣城一旦失守，郡城馬上告急，因為郡城如心，鳳山就是元首，朝發而夕至，亂事常在南路。〔註 22〕就是因為這樣重要的位置，隔年便就決定在興隆舊城建立一個堅固的磚石城。

## 六、許成事件

道光十二年（1832）發生在鳳山縣的許成事件，是響應早先發生在嘉義縣的張丙起事。張丙原是店仔口（白河鎮）的魚販，性喜結納亡命又與群盜相往來，在鄉里是有小忠小信的人物。道光十二年夏天乾旱，各莊禁米出鄉。陳壬癸購買數百石的米，請求生員吳贊幫忙運送，卻不料反遭吳房陷害欲劫於途。這一批糧米後來被張丙所扣，本應是私運也有罪，嘉義縣知縣卻與吳房勾結，只以張丙搶糧為盜，出票捉拿。張丙盛怒，要綁吳贊，卻也被知縣半途攔阻。當時除了這個事件引起張丙不滿，還有閩莊的陳辦因粵莊的芋田引發閩粵紛爭，遂邀張丙一起報復，而造成大規模的閩粵械鬥。

道光十二年閏九月，張丙等人因不滿官方偏袒粵人，同時又貪污收賄，先是戕官據城，後又自稱開國大元帥以戕殺穢官為名。十月嘉義縣知縣邵用之被殺、縣城被圍、鹽水港也被攻破，賊勢不容小覷。在此同時，南路鳳山縣許成暨旗觀音山，以滅粵為詞，阻止運郡之米以窺郡城。張丙聽聞此消息，遂誘許成來附。〔註 23〕許成打算攻佔下陂頭，當時鳳山縣知縣託克通阿早有準備，募集了五、六千的兵勇，環城守衛。另一方面屯兵也安置妥當，劉伊仲督辦軍局，率領劉儒募得丁壯和吳國乾義民一同駐守縣衙左邊；王飛龍、林淇泉團練砲勇守內衙，駐兵糧倉後面及右邊；岑千總帶兵札大堂，番兵守監獄。巨砲三尊，並在安儀門、街衢設立木柵，只要是重點區域都屯義勇。每班五十人，共有十二班，駐守四門，三、五日就盤查一遍，防密甚為周嚴。

許成以角宿社當作大本營，每日在楠梓坑的楠和宮派飯，四處騷擾民宅。

〔註22〕姚瑩，《東槎紀略》，頁 6。
〔註23〕周凱，《內自訟齋文選》（臺北市：臺灣銀行經濟研究室，1960 年），頁 31～43。；張雄潮，〈清代臺灣民變迭起迅滅的因素〉，頁 35。

賊眾佔領各處路頭，導致東路岡山、中路阿公店、西路海口，到處都有賊眾搶奪行人，道路梗塞不通。道路不通，糧食的供給也日漸不足。翁朝龍駐兵火藥庫中，陳雲蚊屯兵下陂頭北郊的武洛塘上，風聲鶴立、草木皆兵，情況異常緊張。

許成在打狗平原上進攻，下淡水平原卻有李受爲首的粵匪以義民自居，在許成還沒進攻到下淡水的時候就大肆的攻擊閩人，因此有粵匪蹂躪更甚許逆的說法。李受藉義民的名目，自立營頭，署中軍府，下淡水的阿猴、萬丹、東港、阿里港都被其劫掠一空，五百餘村的攻莊毀社，使得港東、港西兩里被粵匪摧殘殆盡，民人爭相渡過下淡水溪逃往打狗平原。變作荒墟的港東、港西兩里只有畢支尾、水底蕃、枋蕃三莊的人，因爲慣於使用鹿銃，才能勉強阻擋粵匪的攻擊。

眾兵官在陂頭新城小心翼翼的防守，不料卻被一名岡山寺僧，豎旗於岡山，率眾直闖北門。城內有內應打開城門，賊眾如入無人之境，當賊進焚縣門的同時，待守城將領大砲一開，也擊斃許多賊人，敗走的賊人被王飛龍與岑騎尉用鳥槍與大砲擊退。在賊黨自相殘殺的情況下，加上民兵的奮戰與陸路提督馬濟勝的救援，阻止戰事擴大，亂事遂在賊首擒後順利弭平。在下淡水區作亂的粵首李受，與二百多的粵匪也被斬首。〔註24〕

此次事件值得注意的重點有幾項：（一）張丙起事有濃厚的排粵意味，雖然是以「殺滅穢官」作口號，但是其政治性的意味較弱，反而是分類械鬥的意味較濃厚。這點從張丙較重視以「滅粵」爲口號的許成可以看出，另一方面許成也用張丙的年號，而張丙也以重禮接待許成來北會，接待優渥，相形之下，以「興漢」爲口號的黃城就沒有遭受到張丙如此的重視。〔註25〕

（二）自從朱一貴事件後，閩粵關係就異常的緊繃，當年客民爲防衛家園興起的防禦組織，順利阻擋了亂事的擴大，事後清廷也以客民爲「義民」，大加獎勵。自此以後，清廷運用閩客間的衝突，來壓制作亂的一方，而前半期則因亂多起於閩籍，所以多聯粵制閩，而偏袒粵籍。但到了許成事件時，情勢開始有所轉變，許成的起事，讓粵籍的李受打著「義民」的口號先是自

〔註24〕盧德嘉，《鳳山縣采訪冊》（臺北市：臺灣銀行經濟研究室，1960年），頁425～433。

〔註25〕張菼，〈臺灣反清事件的不同性質及其分類問題（上）〉，《臺灣文獻》第26卷第2期（1975年6月），頁101。

立營寨，在下淡水區任意燒殺劫掠閩莊，計畫等許成攻陷陂頭新城時再幫助官方，便得以用「義民」的美名掩蓋無法無天的犯罪事實。隨著亂事的進展，李受攻擊閩莊的破壞甚至大過許成起事。清廷開始警覺到以六堆爲「合縱連橫」對象的政策，已構成當地治安相當嚴重的問題，甚至威脅到清朝的統治權，於是在許成事件以及接下來咸豐三年（1853）林恭事件之後，清朝便改採禮遇閩人牽制六堆的作法，也影響了下淡水地區閩客勢力的消長。〔註26〕

（三）許成事件後論功行賞的同時，駐守在陂頭新城火藥庫的參將翁朝龍，因爲不出兵援救舊城的自私行爲，而被當時守在興隆舊城的巡司告上朝廷。巡司當時守在興隆舊城，屢請添兵，翁朝龍以自己兵少而推辭，巡司憤而在亂平後越籍上告，翁朝龍也因此丟了參將的職位。從後人記亂事的詩中有「擁兵火藥庫，一卒不出門。」對於翁朝龍的嘲諷，也有「賊來不出勤，干城枉爾寄。」的興嘆，這都是對翁朝龍畏敵不出的諷刺。〔註27〕進一步探究翁朝龍不援舊城的可能，除了出於膽小怕事以外，衡量情勢，道光六年（1826）興隆舊城剛剛改建爲堅固的磚石城，其防禦能力自是比只用竹圍、木柵圍城的陂頭新城還好。再者，陂頭新城的重要性也比興隆舊城高，許成黨羽指名要攻陂頭新城，於是將兵力集中在此，也比調兵去支援僻在海隅的興隆舊城還適合。事後證明，許成等人並無意攻興隆舊城，所以守城的巡司才得以保全性命，來數落翁朝龍的不是。

## 七、林恭事件

咸豐三年（1853），鳳山縣壯勇林恭因爲不滿遭到鳳山知縣王廷幹的淘汰，懷恨在心，與北路的張古、羅阿沙、賴棕等人密謀起事。他們先是在番樹蓁起事，後來搶掠至陂頭新城。當時的巡莊義首林萬掌，因爲賞薄而對官府頗有怨懟便與林恭勾結，四月二十八日由林萬掌掛義民旗入城，林恭黨徒跟在後面，等到民眾發現原來義民是亂民僞裝的時候，敵人早已攻入縣前。知縣王廷幹、典史張樹春都被亂賊殺死，南路營參將曾元福當時正巡哨外城，雖飛騎入援，但已來不及，只能死守火藥庫，臺灣知縣高鴻飛也前往救援鳳

---

〔註26〕簡炯仁，〈由屏東市天后宮珍藏的「義祠亭碑記」——論清廷對屏東客家六堆態度的轉變〉，收錄於：簡炯仁，《屏東平原先人的開發》（臺灣屏東：屏東縣政府文化局，2006年），頁283〜288。

〔註27〕兩詩出自黃文儀「記許逆滋事五古十二首」中的〈再嘯聚〉與〈守火庫〉，收錄於：盧德嘉，《鳳山縣采訪冊》，頁435、437。

山，卻也不幸戰死，鳳山失守的消息一傳到府城，舉城皆驚。

　　戰事日急，敵人進逼府城。臺灣鎮總兵恒裕因爲糧餉不足，主張按兵不動，臺灣道徐宗幹則主戰，兩人因此不合。等待數日才在幕僚唐壎的進策下，積極前往救援，因爲鳳邑不守，府城也無法久存。徐宗幹專委於鄭元杰南征事誼，鄭元杰以文員無兵員之助猶豫不決，後是得到中營游擊夏汝賢的援助，才得以成行。鄭元杰是鄭應瑤之子，父子兩人都極有才幹，早先鄭元杰任臺灣縣知縣，後因功績勞著准升同知。但因被人構陷，導致調省察看，臺灣人感念他，請託上級將他留臺，但最後還是無力回天。原本鄭元杰應該是要返回中國大陸，但是因爲被某些案子牽連拖延，所以在林恭事件發生時還在臺灣。

　　徐宗幹力主鄭杰元一文官率領府城兵力前往鳳山縣援救，給予極高的權力，也代表對其的賞識。鄭、夏兩人帶領八百人以上的義勇與兵員，由鄭應瑤作後應提供糧食，一行人在五月二十四日誓師，二十八日啓程。六月初二，到達二層行溪，糧餉也於此日送到。另一方面，參將曾元福之子曾登瀚也率領壯丁三百人和屯弁林鼎山率兵五百人，前往聲援。六月三日，與敵人在新園仙塘相遇，四日在圍隨莊作戰，六日在橋仔頭作戰，都獲股首人等不少。在九甲圍攻克埋伏的敵軍後，捉拿了敵人軍師王粖、田有兩人，大軍便進入興隆舊城稍作駐紮。興隆舊城與陂頭新城相隔不遠，鄭元杰先派遣密探送信給位在新城火藥庫的曾元福，約定好到時可從火藥庫出來相助。六月七日，由曾登瀚打頭陣，破圍而入陂頭新城，鄭、夏整隊在後，林恭無計可施只好逃跑，與餘黨一番混戰後，全師無失，清軍遂收復鳳山縣城。

　　逃往風港（楓港）、瑯嶠的林恭，想要以此爲據點，再次糾眾起事。鄭元杰早有防備，整頓好鳳山縣城後，就請水師葉得茂、林增榮駕船巡海口。六月二十九日，林恭果然搶奪了船隻，渡往大林蒲。鄭元杰和曾元福在水上對林恭黨徒發動攻擊，擒獲李景等三十多人，林恭卻逃往水底寮藏匿不出。鄭元杰紮營東港，就是要捉拿到林恭。多日後兵餉不足，向上級要糧又不給，鄭元杰只好貸款籌糧，也減自己的糧餉給士兵吃。水底寮義首林萬掌，先是幫助林恭，等到清兵人馬一到，又馬上投靠清軍。鄭應瑤認識林萬掌，對他曉以利害，加上李澄清等人也先後捉拿亂黨一百三十八人進獻，於是七月二十七日，林萬掌和友人王飛虎、郝芝擒林恭和林芳來獻，鳳山遂平。〔註28〕

〔註28〕 盧德嘉，《鳳山縣采訪冊》，頁 413～418、421～422。

此次事件中所須關注的焦點，除了下淡水區閩粵的紛爭外，〔註 29〕還有總結前幾次戰亂中關於陂頭新城火藥庫在戰事中重要性的討論。陂頭新城是在乾隆五十三年才正式成爲鳳山縣城的所在地，在嘉慶十二年（1807）蔡牽之亂後，縣治應該遷往興隆舊城，官員卻拖延未遷，所以嘉慶十二年至道光二十七年（1847）的遭遇的亂事，提到縣城被圍或失守都是在陂頭新城。

道光四年的許尚與楊良斌事件中，頭一次提到陂頭新城的火藥庫，當時部署都已就位，也很順利的擊退敵人，但當時的參將卻擁兵火藥庫不出，還邀翁朝龍等文武官員一起進入避難，使敵勢加熾，得以任意搶掠城內。這位參將的說法是：「賊雖敗，必且大至，埤頭倉署皆不可守，火藥庫有土垣，四面阻水，昔蔡牽攻不能破，可速據此。」〔註 30〕原來火藥庫因爲必須處在乾燥的狀態下，避免彈藥受潮，所以建造得極爲堅固，連吳淮泗當年攻入城內，卻也無法攻下。從此可知，在城垣未建的情況下，火藥庫應該算是陂頭新城中最堅固的處所。無獨有偶，道光十二年（1832）的許成事件，當年的都司如今已成參將，但畏敵之心一樣並無改變，參將翁朝龍在戰事其間始終坐守火藥庫，身爲南路營第一大將，卻不奮勇與敵作戰，讓百姓陷於苦難中，也因此丟了參將的職位，當時的人還作詩諷刺他的這種行爲。

咸豐三年（1853）的林恭事件中，參將曾元福也是死守火藥庫，但卻沒有遭受到負面的批評，時人唐壎事後還作了篇〈曾元福守火藥庫論〉的文章，表揚這個事蹟。陂頭新城的火藥庫是位在東南一隅，道光十七年（1837）任鳳山知縣的曹謹捐置軍械火器於庫內，火藥也都儲備其中。庫中火藥約有數萬斤，如果被敵人所得，就可能挾強大軍力進逼府城，府城便岌岌可危。幸好曾元福聚守火藥庫，林恭黨徒無論是用火攻還是水攻都不可得，而且曾元福並非翁朝龍等怕事之輩，他不定時還會帶兵出哨，顯示他不是因爲懼敵才躲在火藥庫中。〔註 31〕

從翁朝龍和曾元福同樣死守火藥庫，卻得到相反評價的結果來討論，主要是由於兩者處的情況大不相同。翁朝龍是在情勢對清兵有力的情況下，畏敵不出，反而喪失保衛家園的作用，而曾元福則是在孤立無援的情況下，就

〔註 29〕 簡炯仁，〈由屏東市天后宮珍藏的「義祠亭碑記」——論清廷對屏東客家六堆態度的轉變〉，收錄於：簡炯仁，《屏東平原先人的開發》，頁 284～286。
〔註 30〕 姚瑩，《東槎紀略》，頁 3。
〔註 31〕 盧德嘉，《鳳山縣采訪冊》，頁 418～419。

算是鳳山縣城被府城所放棄，他還是不願放棄，就算要以身殉難也不會讓武
器落入敵人的手中，他情願將火藥庫付之一炬也要死守下來的決心，令人爲
之動容，所以才能得到眾人的肯定。

## 第二節　兵力消長與戰略地位的比較

　　道光四年（1824），臺灣知府方傳穟提到臺灣的亂事，在鳳山縣起事者最
多，而有「前後十二亂，鳳山獨居其八」的感嘆，〔註32〕可見鳳山縣的重要
性，因爲離全臺重心的臺灣府城相近，朝發可夕至，於是南路鳳山成爲民變
層出不窮之地。鳳山縣城堅守與否，也變成決定亂事是否迅速往府城進發的
關鍵。本節針對上述民變的路線發展、戰後兵力多寡的演變，比較鳳山新舊
城戰略地位的重要性。

　　康熙二十三年（1684），臺灣設一府三縣，鳳山縣由於在府治之南，故曰
南路。鳳山縣的陸路武備便由南路營來負責，設有南路營參將、中軍守備、
千總各一名，把總四名，步戰兵與守兵各五百名，但因各撥出給鎮閩將軍標
三十人，實數只有九百四十名。康熙五十八年（1719），又各撥五十名步戰兵
與守兵給北路淡水營，於是只剩下八百九十人，分派往鳳山縣各陸路防汛。
康熙五十九年（1720）以前鳳山縣陸路的武備情況，南路營主要是位在縣城
內，也就是興隆縣城，參將、守備、隨防千總及一名把總都駐防在此，並帶
四百九十名兵員，剩下的兵力則分配到其他設有千總或把總的大汛，下淡水
汛一百四十人、鳳彈汛六十人、觀音山汛一百三十人、康篷林汛七十人。汛
下各領塘，塘的兵力又從汛中調派。〔註33〕

　　康熙六十年（1721）四月十九日，朱一貴黨眾（下皆稱爲朱黨）於羅漢
門起事，先進攻岡山塘，再攻康篷林汛、大湖汛。朱黨的進擊速度相當快速，
攻陷各汛塘後便能趁勢再下一城，反觀清軍救援速度緩慢，從府城出發，行
五里便在半路店休息，隔日走了十五里又紮營在角帶圍，眼睜睜看著大湖汛
被劫，而隔溪無法救援。二十三日，朱黨與清軍在小岡山相遇，朱黨敗陣逃
入援勦右莊，清軍周應龍收兵駐紮二濫，從下淡水前往救援的楊來、顏子京
也回下淡水汛。周應龍從二濫再往楠仔坑，最後到達興隆縣城，在南路營紮
營。這時清軍已從優勢轉爲劣勢，一方面是因爲下淡水檳榔林的杜君英帶領

〔註32〕〈復建鳳山縣城〉，收錄於：姚瑩，《東槎紀略》，頁6。
〔註33〕陳文達，《鳳山縣志》，頁53～55。

黨眾響應朱一貴的起事，草潭、下陂頭、新園、小琉球的都有響應起事者，從東港移到赤山的下淡水汛〔註34〕與新園被攻陷後，杜君英黨眾（下稱為杜黨）便謀越過下淡水溪與朱黨會合。二十七日周應龍所帶領的清軍與敵人在赤山相遇，遭到朱黨與杜黨兩路夾攻，清軍大敗，周應龍逃回府治，杜君英則攻陷鳳山縣城，鳳山就此淪陷。

　　從戰事的發展來看，朱黨對於進攻是比較積極，清軍則是態度較為散漫，一開始清軍還能擊退朱黨，但隨著下淡水區的淪陷，赤山一役被首尾包夾，清軍兵敗如山倒，以致於十日之間即攻陷府城。清軍在鳳山縣勦敵的兵力為原有的八百九十人，再加上從府城救援的四百兵力，總數不過一千三百人上下，而朱黨從剛開始起事時的千人，到陸續有萬人加入，最後清方甚至說敵人有「三十萬」〔註35〕，雖有誇大，但也可見雙方兵力相差懸殊。

　　戰事在朱一貴與杜君英內訌的情況下，清朝政府派大軍從中國出發，一個月陸續將失土收復。事平後，總督覺羅滿保針對亂事作的兵制改革提請增兵的要求，一一被否決，鳳山縣唯一改變的地方便是駐防岡山的守備增加了。除了岡山是豎旗的重要地點，開始受到重視之外，藍廷珍也注意到了下陂頭的重要，所以在雍正二年（1724）時，上奏提請將陂頭升為守備營：

> 埤頭離鳳山縣治雖止貳拾餘里，然為貿易之區。遠近商賈奔赴，貨財聚集，市廛鱗比，居民殷實。雖設有鳳彈汛駐箚埤頭，然額兵只陸拾名，甚為孤弱，故不肖匪類往往生心謀為搶劫。臣愚以為宜增兵壹百肆拾名，共貳百名，移一守備常川駐箚，既可以杜覬覦之奸，又可與縣治駐防官兵聯絡照應，則形勢既張，商民心固，而南路永成樂土矣。〔註36〕

下陂頭街是當時鳳山縣所有庄社街市中最大的市集，〔註37〕是貿易往來最重要的地點。朱一貴事件時，草潭、下陂頭、新園都有人響應起事，草潭在下陂頭附近，而下陂頭與新園都是當時經濟繁榮的街市，可見起事者想要藉由

---

〔註34〕下淡水汛原在東港，因水土毒惡，康熙五十一年（1712年）下淡水巡檢司署從東港移到港西里的赤山上，下淡水汛極有可能一同遷往，赤山在新園附近，朱一貴事件中新園被攻陷後，下淡水汛也陷落，可能是因其臨近，非下淡水汛遷往新園之故。參照：陳文達，《鳳山縣志》，頁12。

〔註35〕藍鼎元，《平臺紀略》，頁12。

〔註36〕〈福建水師提督藍廷珍奏陳臺灣善後事誼三款摺〉，收錄於：《雍正朝漢文硃批奏摺彙編》第三冊（上海市：江蘇古籍出版社，1986年），頁544～545。

〔註37〕陳文達，《鳳山縣志》，頁26。

破壞縣內殷富之地，一方面斷清軍的後援，一方面也可以劫掠當地。赤山一役，就位在陂頭街北方的赤山，控扼了此地，便握有通往下淡水區的鑰匙。〔註38〕賊黨的心態讓下陂頭的重要性更加彰顯，所以藍廷珍才會上奏提請加派兵員保護陂頭。雖然請求沒有通過，但下陂頭街的聲勢在鳳山縣城陷落飽經戰火殘破不堪後，似乎水漲船高，想必已經有人建言提議將縣治遷往下陂頭街，最後覺羅滿保以海防的觀點予以拒絕了。他認為「南路鳳山營縣雖僻處海邊，不如下埤頭孔道衝要，然控扼海口，打狗、眉螺諸港乃匪類出沒要區，當仍其舊，不可移易。」〔註39〕可見下陂頭街與興隆庄的縣城之爭，似乎早見端倪。

雍正五年（1727）時，臺灣知府沈起元度量形勢，卻和覺羅滿保的觀點相反，認為治臺的政策應該轉向從重視臺灣本身的動亂著眼，認為朱一貴黨徒皆是在山中起事，所以更要重視山防，也可防範賊匪以山林作為藏匿的根據地，而「南路則宜遷鳳山縣治於埤頭，當居民輻輳、行旅往來之孔道，以親民事。」〔註40〕以南路營參將皆設在縣治內的慣例來看，縣治遷往下陂頭街後，南路營也將隨著縣治移防，下陂頭街遂變成鳳山縣駐軍最多的地方。下陂頭街被認為是控扼下淡水區到府治間最中心的位置，重要性不言可喻，可惜這個提案依舊未獲皇帝的應許。

雍正十年（1732）吳福生事件爆發，從濁水溪、阿猴林起事，進攻岡山汛，然後一路焚燒舊社、石井猴洞。接下來直往南邊進攻埤頭營盤，並燒燬萬丹的巡檢衙署。〔註41〕從這次起事的路徑來看，吳福生從濁水溪順勢進攻岡山汛，一路南下到石井，可是他卻不打算進攻鳳山縣城，而是直往鳳山縣最富庶的下陂頭而去，並越過下淡水溪，攻打萬丹巡檢署。他沒有攻鳳山縣城的原因可能是懼怕南路營的兵力，另一方面下陂頭和萬丹都是鳳山縣內極為繁榮的街市，可能是基於劫掠和欲控扼下淡水往來孔道的心態，才將重點

---

〔註38〕鳳山縣赤山里的「大將廟」，就是紀念在朱一貴事件中陣亡的將領陳元，後世在現地建廟以表彰其不屈的精神。由此可知赤山一役位置是在下陂頭近郊的赤山，而非港西里的赤山。參照：盧德嘉，《鳳山縣采訪冊》，頁186。

〔註39〕〈覆制軍臺疆經理書〉，收錄於：藍鼎元，《東征集》，頁36。

〔註40〕沈起元，〈治臺灣私議〉，收於賀長齡《皇朝經世文編》冊三，卷84兵政（臺北：國風出版社，1963年），頁2174～2175；或臺灣銀行經濟研究室編，《清經世文編選錄》（臺北市：臺灣銀行經濟研究室，1966年），頁7～9。

〔註41〕〈署福建總督郝玉麟奏臺疆安帖情形摺〉，收於：臺灣銀行經濟研究室編，《雍正硃批奏摺選輯》（臺北市：臺灣銀行經濟研究室，1972年），頁228～229。

放在兵力較薄弱，資源又豐富的地方上。

經歷北路大甲西社番亂後，雍正十一年（1733），郝玉麟規劃善後改革的結果，以防番為要點，正式成立下淡水營，〔註42〕下淡水營隸屬南路營管轄，南路營隸屬臺灣鎮總兵官統轄外，鳳山縣又增設「岡山營」屬於臺灣城守營參將管轄，分左軍守備駐紮。由於此次南路的變亂，主要集中在岡山、鳳彈、下淡水等地，針對賊匪起事的心態對這些區域作了較多兵力佈防。其中值得注意的便是鳳彈汛，已經一躍成為南路營中僅次於縣城汛，兵力佈署最多的地方。「鳳彈汛：在下埤頭，離縣十五里（按是地為縣治咽喉，防守最要。今營盤環植莿竹，甚牢固）。駐箚守備一員、隨防把總一員、目兵二百五十名（各汛俱有烟墩、望高樓）」〔註43〕增兵之餘，還用莿竹加強防禦，就是為了避免屢成賊匪覬覦對象的下陂頭失守而有的舉措。

乾隆五十一年（1786）林爽文事件震動全臺，莊大田在南路攻陷了興隆縣城，之後下陂頭街也被攻陷。救援的清軍從中國出發，由海陸兩路前往滅敵。清軍到達岡山，然後南下阿公店，順利的收復了興隆縣城。其餘兵力前往下淡水救援，但因戰略失敗，官兵氣勢衰落，導致興隆縣城二度失守。鳳山縣城二次被攻破，遭受的破壞非一時之間所能復原，所以在興隆縣城與下陂頭街都遭陷落的情況下，福康安衡量情勢，認為下陂頭街具有位置上的優勢，人群聚集、商旅往來更需要保護，以維持下淡水區貨運的暢通，遷治於此對於行政上也能更為便捷。鳳山縣城移往下陂頭街後，兩地的兵力佈署便對調，遷移縣治的決定使得興隆舊城不但失去了名義上鳳山縣行政中心的地位，也失去了軍事中心的地位，而下陂頭新城便成為經濟、行政、軍事集於一身鳳山縣的首善之區。

嘉慶十年（1805），蔡牽的黨羽吳淮泗攻陷了位在下陂頭的鳳山新城，於是亂平之後，福州將軍賽沖阿就提議將鳳山縣城遷回興隆舊城。此決定卻引發鳳山新舊城相爭的遷治問題，從嘉慶十二年（1807）到道光二十七年（1847），一直懸而未決。嘉慶十五年（1810），閩浙總督方維甸考察全臺營汛後，將乾隆朝以來新增的零星小塘裁撤，把官兵集中在附近的大汛之中，但縱貫線卻例外。當時的鳳山縣兵制遂演變為：

〔註42〕黃智偉，《統治之道——清代臺灣的縱貫線》，頁 98～100。
〔註43〕王瑛曾，《重修鳳山縣志》，頁 194。

城守營：左軍守備一員（駐防崗山）。……現制馬步戰守兵四百九十五名。以八十五名隨防府治，以一百四十五名分防岡山汛，兼轄山頭、山腰、山尾等塘，以七十七名分防羅漢門，以八十一名分防猴洞口，以二十八名分防茂公汛，以一十九名分防鹽水埔，以六十名分防塗墼埕、南礮臺、港岡、埤仔頭、角帶圍、大湖、半路竹各塘。

南路營：共兵一千零三十九名，以五百二十名駐防鳳山縣治，兼轄坪仔頭、打鹿潭、苦苓門等塘，以一百五十名分防水底蔡汛，以一百六十名分防石井汛，兼轄蘭坡嶺、觀音山、小店、竿蓁、二濫、溪邊各塘，以一百一十六名分防番薯蔡汛。

南路下淡水營：共兵五百六十九名，以二百五十九名駐防山猪毛口汛，以一百六十名分防新園，兼轄東港、枋蓁各塘汛，以八十五名分防萬丹汛，以七十名分防阿里港兼武洛塘汛。〔註44〕

這則資料出自《臺灣采訪冊》的營制資料，雖然是嘉慶十五年改制後的資料，但有些地方尚未更正，例如岡山汛下轄的山腰、山頭、山尾等塘，還有下淡水營阿里港汛兼轄的武洛汛，都已在改制時裁撤掉了。〔註45〕

　　道光四年（1824）的許尚與楊良斌事件，他們原訂進攻的順序是先攻下淡水縣丞署，次攻埤頭，最後再攻打臺灣府。許尚被捉後，楊良斌黨徒決定直攻陂頭新城。當時苦苓門塘已被攻破，城內加上府治援救的兵力應該有六七百人，足以禦敵，但因戰略錯誤，使得陂頭新城被敵人大肆劫掠，後來才由府治派來的援兵收復鳳山縣城並平定亂事。這次的事件，加速了鳳山縣城的改建。嘉慶十五年（1810）方維甸視察興隆舊城，就有意將鳳山縣城移回舊城並且改建成石城，只是當時因為費用太龐大而被駁回。道光四年（1824）巡撫孫爾準巡臺，聽取輿論決定復建，剛好又遇上楊良斌之亂，臺守方傳穟便提議由官捐民倡的方式募集建城基金。〔註46〕改建磚石城的選址似乎並無引起爭議，原因可能是當初皇帝已同意賽沖阿的建議，將鳳山縣城遷回興隆舊城，鳳山縣城名義上是在興隆舊城，改建也當在興隆舊城。嘉慶十一年（1806）賽沖阿考察輿情，都認為應該遷移回舊城，道光四年孫爾準渡臺查勘，當時居民也認為陂頭新城不及舊城地勢爽塏，並說新城西南有水穿越，

---

〔註44〕諸家，《臺灣采訪冊》（臺北市：臺灣銀行經濟研究室，1959年），頁153～155。
〔註45〕黃智偉，〈統一之道──清代臺灣的縱貫線〉，頁180～186。
〔註46〕〈復建鳳山縣城〉，收錄於：姚瑩，《東槎紀略》，頁5～7。

夏秋易淹水，不宜居住，人民都想移回舊城。方維甸親往籌畫興隆舊城改建後的基址，將龜山包圍在內，以免除敵人俯瞰之虞。當時決定移回舊城，似乎並未全然因為形勢的原因，也是因為民心的走向。「嘉慶十一年間前福州將軍渡臺查辦時，埤頭地方甫遭兵燹，故闔邑民人咸以居此為危。及道光四年居民雖已復業，然距兵燹之時尚未甚久遠，以致民心仍多惶惑。」〔註47〕陂頭新城的淹水問題，以及人民避難心理的反映下，將石城建築於興隆舊城，似乎是全臺上下樂見其成的結果，所以助捐的金額甚至多過所需金額，可見這項決定是符合人民期待的。待改建完成後，可平鳳山無城可守的口實，讓縣官與民眾能夠依照上諭，心甘情願的遷回興隆舊城辦公居住。

　　道光六年（1826）八月十五日，興隆石城竣工，但官員依舊拖延未遷。道光十二年（1832）南路許成響應北路張丙起事，豎旗於觀音山。許成以角宿社當作大本營，攻佔各路頭，東路岡山、中路阿公店、西路海口，使得道路梗塞不通。許成是由北往南攻，想要先阻斷鳳山新城往各路的運輸線，打持久戰，待時機攻佔下陂頭。陂頭新城雖被攻入，但很快便退敵。道光十三年（1833）閩浙總都程祖洛為了處理張丙案的善後，渡海來臺巡閱，其對南路兵制的調整，主要是加強下淡水地區的阿里港、九塊厝、阿猴、潮洲等地的防務，因為亂時李受在下淡水區的騷擾，才會有相關的處置。〔註48〕

　　道光二十七年（1847）閩浙總督劉韻珂來臺巡閱，順便處理鳳山縣治遲不遷舊城的僵局，最後在民心普遍認為陂頭新城經知縣曹謹的整頓後，已經沒有淹水的問題，地當中道，民戶眾多，避難心理已過，人民已經安居樂業的情況下，不願遷治，所以呈請將陂頭新城當作鳳山縣治的所在。〔註49〕另一方面，劉韻珂也參考臺灣道全全年的呈請，將南路軍備的規劃略作改變：

> 查南路鳳山縣屬之阿公店汛，向與崗山為犄角。崗山地居扼要，且又逼近內山，盜匪最易出沒，所藉為聲援者，惟阿公店一汛。茲阿公店汛額設弁兵，只有外委一員，兵丁五名，以之巡防本汛，兵力尚形單薄，更何能顧及崗山？自應派撥兵丁，常川駐守。又水底寮汛，亦係鳳山所屬地方，額設守備一員、把總一員、兵丁一百三十名。該處離鳳山埤頭新城六十里，安集綏靖，原設防兵，似可裁減。

---

〔註47〕劉韻珂，〈請將鳳山縣新城移作縣治由〉，軍機檔月摺包079328號。
〔註48〕黃智偉，〈統一之道——清代臺灣的縱貫線〉，頁188。
〔註49〕劉韻珂，〈請將鳳山縣新城移作縣治由〉，軍機檔月摺包079328號。

> 應請即於水底寮汛額兵一百三十名內，抽出兵四十名，添防阿公店
> 汛。至水底寮汛防兵既減，即無須守備駐箚。查該守備本係南路營
> 參將管轄，該參將現駐埤頭城內，自應即將守備同隨防之把總，一
> 併移駐埤頭。以守備作為南路營參將中軍，兼管兵馬錢糧，其隨防
> 之把總一員，作為埤頭存城把總。所有埤頭原設存城千總一員，應
> 即撥防水底寮汛。〔註50〕

他將水底寮的防兵縮減拿來添防阿公店汛，並將原駐守水底寮的守備和隨防
把總都調回埤頭新城，再將埤頭新城的存城千總一名調往水底寮汛。

　　咸豐三年（1853），林恭在番樹蓁起事，並搶掠至埤頭新城，因為義民
林萬掌的背叛，鳳山新城遂陷落。後府城援軍來救，一路到二層行溪、圍隨、
橋仔頭，再進入興隆舊城紮營，然後直往埤頭新城，順利收復了鳳山縣城。

　　總結以上七大事件，在亂事過後或多或少都造成清代官方對於南路營營
制的調整。首先來比較鳳山縣興隆舊城與埤頭新城在事件中，遭逢破壞的次
數。以 A、B、C、D 分別代表興隆舊城、乾隆五十三年以後的的舊城汛、鳳
彈汛、乾隆五十三年後的埤頭新城，A、B 地點相同，C、D 皆在下埤頭街，
惟因年代不同導致名稱不同，而略作區別。

## 表 4-2-1　鳳山新舊城遭遇亂事比較表

| | A 興隆舊城　B 舊城汛　C 鳳彈汛　D 埤頭新城 |
|---|---|
| 康熙六十年朱一貴事件（1721） | A、C |
| 雍正十年吳福生事件（1732） | C |
| 乾隆五十一年林爽文事件（1786） | A、C |
| 嘉慶十年吳淮泗事件（1805） | D |
| 道光四年楊良斌事件（1824） | D |
| 道光十二年許成事件（1832） | D |
| 咸豐三年林恭事件（1853） | D |

　　從表 4-2-1，鳳山新舊城遭遇亂事的比較得出，在這七次重大的事件中，
位於下埤頭街的鳳彈汛或是遷治後的鳳山新城，皆成為敵人起事必定進攻與

---

〔註50〕　〈兵部「為核議閩浙總督劉等奏」移會〉，收錄於：臺灣銀行經濟研究室編，
　　　　　《臺案彙錄丁集》（臺北市：臺灣銀行經濟研究室，1963 年），頁 176～177；
　　　　　黃智偉，〈統一之道──清代臺灣的縱貫線〉，頁 189。

劫掠之處，可見不管是遷治前或遷治後，下陂頭街的位置乃是兵家必爭之地。
「臺匪滋事，多起於搶刧，究其攻城之故，利倉庫儲積富室蓋藏耳。楊許二
逆之亂，率先擾埤頭遺舊治，此其明驗。」〔註51〕下陂頭街地當中道，五方
輳集，市井繁榮，便成為賊匪首要搶掠的目標。另一方面，興隆縣城是鳳山
縣一開始設治的地方，七次事件中，卻只在朱一貴事件與林爽文事件中遭受
到入侵與破壞，這兩個事件為清治臺以來最重大的民變，都是以攻下縣城後，
奪取清軍器械，謀再下府城的路線進行。於是當時身為鳳山縣首善之區的興
隆縣城，是敵軍必攻之處，南路營的失敗，便象徵鳳山縣的淪陷。鳳山新舊
城在戰略地位上的比較，從敵人的進攻計畫便可知其優劣，乾隆五十三年
（1788）遷治後，四次重大事件，首要目標皆為下陂頭街，位於興隆舊城的
舊城汛皆被敵方所忽略。第三章中曾經分析過清代的縱貫線，興隆縣城偏處
海隅，不在最節省路程的縱貫線上，只為了延續明鄭的安排與看重興隆庄的
形勢，沒有考慮到最實際的交通往來問題，無怪乎雍正六年（1728）巡臺御
史夏之芳會有「龜蛇對峙鎖孤城，形勢空傳統領營。不築埤頭築海口，為憐
安土重紛更。」的感觸。〔註52〕

表4-2-2 從兩地兵力配置的變化，便可以到兩地在鳳山縣中軍事地位的
消長。位於下陂頭街的鳳彈汛，從原先領六十目兵的小汛，到領二百五十人，
最後成為鳳山新城與興隆舊城的兵力互換，成為領五百兵力的南路營所在，
代表下陂頭街在戰略地位上，日漸高過於興隆舊城。雖然清政府一開始礙於
縣城與南路營結合的情況，不能更動興隆舊城兵力優勢的地位，只好讓鳳彈
汛增兵，以增加防禦力，但下陂頭街「五方湊集，市極喧嘩，有草店頭、草
店尾、中街、武洛塘街等。大路之衝，鳳彈汛在焉。」〔註53〕的情況，軍
事結合經濟，讓下陂頭街光芒更甚興隆縣城，縣官也早就前往下陂頭街租賃
民屋，從事行政辦公。於是林爽文事件後，福康安將鳳山縣治遷往下陂頭街，
也讓下陂頭街成為名實相副，集行政、軍事、經濟於一身的南方第一大都市。

〔註51〕林樹梅，〈鳳山縣新舊城論〉，《歗雲山人文鈔》，收錄於：黃哲永、吳福助主
　　　編，《全臺文》八（臺中市：文听閣，2007年），頁33～34。
〔註52〕夏之芳，〈巡行〉，收錄於：王瑛曾，《重修鳳山縣志》，頁481～482。
〔註53〕王瑛曾，《重修鳳山縣志》，頁32。

## 表 4-2-2　鳳山新舊城兵力變化表

| | 興 隆 舊 城 | 陂 頭 新 城 |
|---|---|---|
| 康熙二十三年<br>（1684） | 南路營參將、守備、隨防千總、把總各 1 員，目兵 490 人。 | 把總 1 員，目兵 60 人。（鳳彈汛） |
| 雍正十一年<br>（1733） | 南路營參將、隨防千總各 1 員，目兵 500 人。 | 駐劄守備一員、隨防把總 1 員、目兵 250 名。（鳳彈汛） |
| 乾隆五十三年<br>（1788） | 巡檢 1 員、千總 1 員，目兵 116 人。（此後皆為舊城汛） | 南路營參將 1 員，千總、把總、外委 8 員，〔註54〕目兵 500 人。 |
| 嘉慶十五年<br>（1810） | 巡檢 1 員、千總 1 員，目兵 116 人。 | 南路營參將、千總、把總數目不詳，目兵 520 人。 |
| 道光二十七年<br>（1847） | 巡檢 1 員、千總 1 員，目兵 116 人。 | 南路營參將、守備各 1 員、把總 1 員、外委 2 員、額外 4 員，目兵 520 人。 |

資料來源：陳文達，《鳳山縣志》，頁 53～54。王瑛曾，《重修鳳山縣志》，頁 193～194。
　　　　　臺灣銀行經濟研究室編，《欽定平定臺灣紀略》，頁 962～963。諸家，《臺
　　　　　灣采訪冊》，頁 153～155。臺灣銀行經濟研究室編，《臺灣府輿圖纂要》（臺
　　　　　北市：臺灣銀行經濟研究室，1963），頁 147。

---

〔註54〕此 8 名的員額，似乎為千總、把總、外委相加之總數，非各有 8 名。

# 第五章　城池規畫的比較

　　一地的設治代表皇權進入地方，「城池」的興築則象徵皇權在地方的具體顯現。康熙二十三年（1684）臺灣規畫爲一府三縣後，首任諸羅知縣季麒光便向上建言，提出臺灣有築城的需要。臺灣鎮總兵楊文魁也依照臺地的形勢，提出建城的優先順序，並希望可以「開捐納」以籌措建城的經費。〔註1〕中國歷史上築城的材料，所知最早的就是二里頭的「夯土」臺座，到了戰國時也多是使用「土」來築城。從明代開國，在京畿興建石頭城，則是築城建材的一大躍進。〔註2〕使用磚石材料的建築，結構可以保存較久，且較堅固，對於城池「防衛」功能來說是最佳的建材。但磚石建材所費不貲，適逢清廷剛平三藩，定臺灣，經濟拮据所以無力興建。〔註3〕另一方面，清代消極的治臺政策，也是影響臺灣築城的極大因素。清朝原只爲了消滅殘存的明鄭勢力而攻臺，導致攻下臺灣後有臺灣棄留的問題，最後雖然在臺設官治理，但實際上還是抱持著消極的態度，加以臺地素爲海盜的巢穴，如果築城的話，只怕會讓敵人有可以壯大聲勢的根據地，要消滅這些勢力就會更加的困難，於是以「不築城」爲基本政策。〔註4〕

　　隨著臺灣亂事的發生，康熙四十三年（1704），諸羅縣縣城以木柵興建，

---

〔註1〕　陳文達，《臺灣縣志》（臺北市：臺灣銀行經濟研究室，1961年），頁229。

〔註2〕　曾玉昆，〈鳳山縣城建城史之探討〉，《高市文獻》第9卷第1期（1996年），頁2~4。

〔註3〕　許雪姬，〈臺灣竹城的研究〉，收錄於：黃康顯主編，《近代臺灣的社會發展與民族意識》（香港九龍：香港大學校外課程部，1987年），頁101。

〔註4〕　杜劍鋒，《舊城滄桑──鳳山縣舊城建城180年懷舊》（高雄市：高雄市文獻委員會，2006年），頁54。

是清領以來臺灣城垣之始。〔註5〕康熙六十年（1721）朱一貴事件的爆發，藍鼎元認為「築城鑿濠」是臺灣首要之務，沙灰土三種混合材料才是最適合臺灣築城的建材。〔註6〕因地制宜，臺灣特產「莿竹」也成為築城的優良建材。「高四、五丈，大者圍尺五、六寸。旁枝橫生而多莿堅利，人不敢犯」〔註7〕、「人種之屋後，可以防盜。茅屋樑柱悉資之，為用甚大。」〔註8〕這種竹種，在當時臺灣非常多見，除了高大的優點外，有尖刺突出，是臺灣居民用來防盜和建屋的好素材。「叢生合沓，間不容髮，而旁枝橫勁，篠節皆刺，若夾植二三重，雖狐鼠不敢穴，矢礮不能穿，其勢反堅於石，而又無春築之勞。」〔註9〕除了可輕易取得，也不用耗費太多力氣，人民也較願意配合築城。傳統漢人對於城郭的觀念，必須是磚石建的或是夯土築的，才算是「城」，用木柵圍起來的，不能算城。〔註10〕於是臺灣官員自發性築起的城池，皆不算違反「不築城」政策。

　　雍正十一年（1733），經歷大甲西社番亂後及吳福生事件後，雍正皇帝在各官員的請求下，於是允許臺地以莿竹圍城，以資防禦。〔註11〕乾隆五十一年（1786），臺灣發生林爽文事件，有感於莿竹城無力抵抗敵人的入侵，乾隆五十二年（1787），皇帝遂針對歷年來臺灣「不築城」的政策提出了新的走向，在清朝國力能夠勝任的情況下，為了避免失之復取花費更多的財力，還不如讓臺灣築城，採用外磚內土，或是石料代磚的工法，讓城池的興建能夠更為鞏固。〔註12〕但事隔一年，在乾隆五十三年（1788）亂平後的善後處置中，乾隆皇帝只同意在臺灣府和嘉義縣築城，表示對府城的重視，還有嘉義縣民的嘉獎。〔註13〕換句話說，面對彰化縣與鳳山縣這兩個起事之地，被破

〔註5〕　周鍾瑄，《諸羅縣志》（臺北市：臺灣銀行經濟研究室，1962年），頁25。
〔註6〕　藍鼎元，《東征集》（臺灣南投：臺灣省文獻委員會，1997年），頁27～28。
〔註7〕　周鍾瑄，《諸羅縣志》，頁221～222。
〔註8〕　陳文達，《鳳山縣志》（臺北市：臺灣銀行經濟研究室，1961年），頁104。
〔註9〕　郁永河，《裨海紀遊》（臺北市：臺灣銀行經濟研究室，1959年），頁30。
〔註10〕　陳正祥，〈中國的城〉，收錄於：氏著，《中國文化地理》（臺北市：木鐸出版社，1985年），頁72。
〔註11〕　王瑛曾，《重修鳳山縣志》（臺北市：臺灣銀行經濟研究室，1962年），頁30～31。
〔註12〕　臺灣銀行經濟研究室編，《清高宗實錄選輯（二）》（臺北市：臺灣銀行經濟研究室，1964年），頁326～327。
〔註13〕　臺灣銀行經濟研究室編，《清高宗實錄選輯（三）》（臺北市：臺灣銀行經濟研究室，1964年），頁544～545。

壞的程度比上述兩城都還嚴重，卻依舊維持竹城、木柵的型式，似乎也帶有對此二縣居民懲罰的意圖。另一方面來說，亂事遷延過久，出於軍事及經濟上的考量，才折衷只建兩城，事後也以土城改代磚石城。乾隆皇帝所抱持的理由依然是「失之易，復之易」，還有「臺地遠隔重洋，五方雜處，難保百年無事」的不信任態度，所以學者認為乾隆皇帝依賴沒有廢除臺灣「不築城」的政策。〔註14〕這種為了「防臺而治臺」的政策，導致臺灣發展的閉鎖格局，〔註15〕也阻礙了臺灣快速開發的動力。

　　臺灣築城的命運多舛，本章討論築城政策的推移下，鳳山縣新舊兩城如何從中建立城池的規制並發揮地方行政中心的機能。針對新舊城的城池規畫，藉由建城材料和官制建築與縣城規畫的原型，比較行政、經濟、宗教、文教、防禦等機能的完備，以及市街發展，試圖了解兩城城池的規畫，是否也會影響最終設治的結果。。

## 第一節　興隆舊城的城制

　　清領初期，在臺灣設立了一府三縣，鳳山縣治的地點設置在興隆庄，雖然決定了縣址，卻因為清廷對臺灣治理的消極態度，導致設治之初並無立刻建城。在中國的傳統中，築城和設治並不一定同時進行，有些邊疆國防上的軍事要點可能先築城，然後才設治，而在比較安全的地方，設治通常早於築城，但大多數的城，是設治之後便進行築城。〔註16〕臺灣由於是明鄭餘地，清朝領有臺灣後對軍力的佈署以廈門、澎湖、鹿耳門的海上防衛體系非常看重，朝限制人民入臺、減少亂事發生並保障臺地安全的政策為主，對於「城」的防衛力量較不重視。康熙六十年（1721）朱一貴事件後，鳳山知縣劉光泗就在鳳山縣治興隆庄畫定基座，用土當作材料築起了城牆，土城〔註17〕的規

〔註14〕劉淑芬，〈清代臺灣的築城〉，《食貨月刊》第 14 卷第 11、12 期（1985 年 3月），頁 45～47。

〔註15〕張世賢，〈清代治臺政策的發展〉，頁 222～223。收錄於：黃富三、曹永和主編，《臺灣史論叢》第一輯（臺北市：眾文圖書公司，1980 年）。

〔註16〕陳正祥，〈中國的城〉，頁 59～60。

〔註17〕「土城」可依作法的複雜分為兩種：一般土城，僅堆土為圍再予夯實，施工簡單，花費不高；另一種則是藍鼎元說的三合土城，在夯土外層以三合土版築為城牆表面，作工較一般土城繁複，但城牆也較為堅實，可是花費也跟著提高。興隆庄附近曾有史前遺留下來的貝塚遺址，證明其是曾經沒入海中或是緊靠海濱。鳳山縣的大岡山、小岡山、半屏山、龜山、打狗山與鳳山都是

模周長八百一十丈、高一丈三尺，東西南北各開一座城門，外圍挖有一丈寬、八尺深的濠溝。到了雍正十二年（1734），由於皇帝下令全臺城池廣植莿竹，當作藩籬，知縣錢洙就在土城外植了三重的莿竹。乾隆二十五年（1760），知縣王瑛曾在四門上，增建四座礮臺，至此興隆縣城也有了一定的防禦體制。〔註18〕

　　一個縣城，除了包含軍事防禦上的城牆、城門、壕溝、砲臺等設施外，還包含了行政設施中各類的機關衙署：縣署、典史署、參將署、守備署等文武官員辦公居住的地方。此外還有宗教祭祀，維持人心穩定的廟宇，和主導地方文教的教育設施，以及影響地方經濟的市街或是儲糧的倉庫等各類的設施。這些建置都是一個城池是否能夠具有多元發展，或是吸引人群聚集的重要指標。

　　圖5-1-1是乾隆二十九年（1764）的鳳山縣城建置圖，可以看到縣署與參將署這兩個代表縣內最高層級的文武官員衙署，大致上的位置位於城池的正中間略偏西北，而壇、廟、佛寺則多集中在東邊，此外北門外有蓮池潭，可當作文廟泮池，所以文教設施是位於此處。城門影響著市街的佈局，大致上來說如果四邊的城門都開在中央，四門相對，城內的主要街道便構成十字形。〔註19〕乾隆二十九年（1764）時，城內除了主要的街道興隆庄街外，還有縣前街、下街仔、大街、南門口街、總爺口街、北門內街等處。

　　整體來說，在整個略成圓形的城內空間，大致以連接南、北門的大街為中線，東西面多分佈市街廟宇與官衙建築群。重要衙署皆面向大街，由營房和倉庫圍成「ㄇ」字形將它們圍住保護。倉庫旁近北門處有山川壇以祭祀社稷，東面主要是寺廟和街市，主要街市是縣前街，廟宇除了泗洲佛寺外，多集中在龜山上及山麓附近並延續到東門處，其中包含武廟及雍正四年（1726）

隆起的珊瑚礁，而珊瑚礁的土質主要是碳酸鈣，是製作石灰的原料，也就是藍鼎元所稱的「灰土」，荷蘭時期，就常常到打狗山來取石灰建教堂。興隆庄有龜山、蛇山環繞，不遠處又有半屏山、打狗山，可見土料的取得是非常容易的，並且土質也適合築城，應該可以就地取材，省下築城的費用。但此實際上此時所築的土城，並不是採用三合土的型式，而是使用一般土城型式，混合土和稻草桿所築起的簡略城牆。參照：陳正祥，《臺灣地誌（中冊）》（臺北市：南天書局，1993二版），頁856；楊玉姿，《高雄開發史》（高雄市：高雄市文獻委員會，2005年），頁37；周郁森，〈清代臺灣城牆興築之研究〉（臺灣臺南：國立成功大學建築學系碩士論文，2003年），頁124。

〔註18〕王瑛曾，《重修鳳山縣志》，頁29。

〔註19〕陳正祥，〈中國的城〉，頁80。

遷入城內的義學。〔註20〕

### 圖 5-1-1　乾隆二十九年（1764）鳳山縣城圖

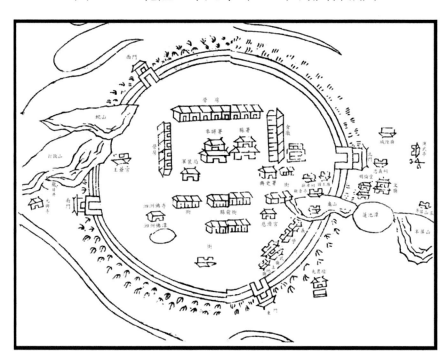

資料來源：王瑛曾，《重修鳳山縣志》（臺北市：臺灣銀行經濟研究室，
　　　　　1962），圖版頁 8～9。

　　道光五年（1825）興隆舊城改建為磚石城，並於隔年完工。此次改建，
依照的是嘉慶十五年（1810）方維甸視察後的決議，決定將原本的城址往東
北移動，捨棄蛇山，將龜山包圍在內，以免敵人俯瞰。〔註21〕興隆舊城的城
址從原本的以龜、蛇兩山為左右護衛，變成遠離蛇山，並將龜山包圍的樣貌。
圖 5-1-2 就是興隆縣城前後兩次城址的套疊，第一次的城基是繞過蛇山和龜山
築城牆，將二者當作天然的防衛。第二次築城則完全捨棄蛇山，並將龜山全
部包圍在內，沿著龜山的邊緣築城牆，造成原本是偏橢圓形的城址，在龜山
部份突出了一小塊。

---

〔註20〕林佩諭，〈鳳山縣舊城及週遭聚落變遷之研究（1661～1970）〉（臺灣臺南：國
　　　　立成功大學建築系碩士論文，2002 年），頁 34。
〔註21〕〈復建鳳山縣城〉，收錄於：姚瑩，《東槎紀略》，頁 5。

### 圖 5-1-2 興隆縣城新舊城基套疊圖

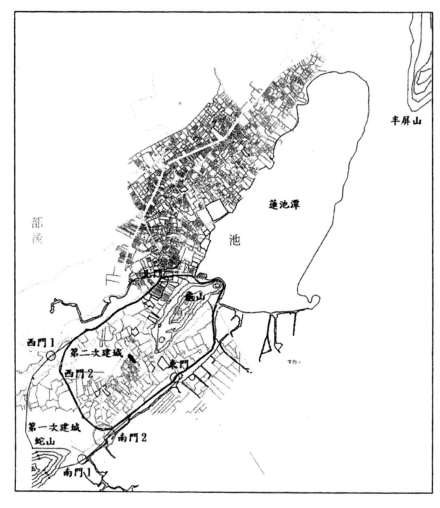

資料來源：林佩諭，〈鳳山縣舊城及週遭聚落變遷之研究（1661～1970）〉
（臺灣臺南：國立成功大學建築系碩士論文，2002），頁 14。

　　兩次的建城，第一次的城牆用土築，周長有八百一十丈、高一丈三尺；新的石城周長則有八百六十四丈，比舊有城基還要再大一點。

　　興工完成的鳳山縣城，在興隆舊城的遺址上，再往東北移動，按照方維甸的構想將龜山移入城中。城身則全部用打鼓山石砌築，除去彎曲後的周長八百六十四丈，〔註 22〕城基挖有三尺之深，都用石頭填砌，所以很堅固。

〔註22〕 《鳳山縣采訪冊》中說周一千二百二十四丈，但根據臺灣道孔昭虔和鳳山知
　　　　縣杜紹祁的勘查，鳳山縣城因圍龜山於城中，「新城石牆，除去灣（彎）曲，

高度有一丈四尺，總共堆疊一千四百六十八堵雉堞。〔註23〕按照東西南北的方隅，建造四門：東門曰「鳳儀」、西門曰「奠海」、南門曰「啓文」、北門曰「拱辰」。門上有樓，高四丈二尺，然後又在四隅建四座礮臺，高一丈三尺。〔註24〕

興隆磚石城的材料，絕大部份是採用打鼓山的石灰岩（如圖5-1-6），用於砌築城垣的外牆和城濠的護岸。興建城樓、礮臺、雉堞和馬道，則是使用閩南運來的磚瓦。城門洞的頂板、檻牆的石板，以及門楣上的石匾，都採用中國運來的花崗石。此外，還有混合石灰、糯米漿、黑糖漿而成的三合土。〔註25〕興隆磚石城的建立，仰賴全臺官員與地方民眾的捐資才得以興建成功，除了出錢，地方鄉紳也在監工上出了心力，於是才能在短短一年的時間，將舊城改建完成。

接下來逐一討論，興隆舊城城郭建築、城內官制建築以及市街的分佈。

## 一、城郭類建築

城是行政與文化的象徵，古稱「城以盛民」〔註26〕，郭則代表外城。清代臺灣的城池主要是承繼中國南方的傳統而來，其共同的特色有：城池採不規則形、城內道路系統呈自由發展，約略以一處十字街為核心，東西及南北則各有一條主要的道路串通，城池的大小依據層級而不同。以下先介紹幾項基本的城池配備。

（一）城壕，又稱護城河、護城壕、塹，為城牆外面的深壕，可增加防禦作用。各城城壕寬窄不一，施工時挖出來的泥土正可填入堆高的城牆之內。興隆石城的東北側，以蓮池潭相連，是利用湖泊地形，形成天然的城壕。

（二）城門：為城郭聯絡內外及管制進出的出入口，所以不論是莿竹、木柵、土城、磚石城，都築有較堅固的磚石構造城門。城門的數

實八百六十四丈」得知，鳳山縣城的周長應是八百六十四丈。參閱根據〈戶部「為內閣抄出福建巡撫韓克均奏」〉，收錄於《明清史料》戊編第二本（臺北市：中央研究院歷史語言研究所，1972年），頁170～171。

〔註23〕諸家，《臺灣采訪冊》，頁29。

〔註24〕盧德嘉，《鳳山縣采訪冊》（臺北市：臺灣銀行經濟研究室，1960年），頁136。

〔註25〕曾玉昆，〈鳳山縣城建城史之探討〉，頁37～38。

〔註26〕許慎，《說文解字》，（北京市：九州出版社，2006年），頁1118。

量，則視城郭的規模形制和交通而定，府城最多可開八門，一般
縣城通常只闢四門。由堪輿決定方位，東、西、南、北門並非都
是正向，會針對交通略作調整，或是刻意迴避正位以表謙遜。城
門通常會取個吉利或是與方位、八卦有關的名稱。

（三）城門樓：位於城門座上，除了顯示城的威壯，也是士兵駐守眺望
以及戰時指揮的地方，臺灣的城門樓主要為樓閣式。

（四）城門洞：位於城門座中央的出入孔道，為提高防禦功能，多以石
材為主，由外小內大的二層拱圈及中間平頂組成。

（五）城牆：城郭外圍以莿竹、木柵、土石或磚塊所築造的高牆，其上
可供人、馬行走，並築有雉堞，為求穩固而放寬砌築，壁面向內
微傾。

（六）馬道：城牆上可供行走的地面，通常以磚鋪平成道，為方便砲車
移動及兵馬行走而設。

（七）馬道入口：城內靠近城門處的登城出入口，通常設有單開間門樓
以便管制進出，上下的踏道或採斜坡式，以利砲車移動。

（八）雉堞（城垛）：城牆上朝城外的矮牆，其上設有窺孔及射孔，窺孔
多為方眼，可作外小內大之洞。射孔為狹長的缺口，適合弓箭手
或槍手射擊之用，臺灣城牆的雉堞多以紅磚砌成。

（九）砲座：設置於城牆險要的區段，其作法多為將城牆加寬向外凸出，
馬道鋪石條以承砲重，雉堞開設較大砲孔，使砲管伸出增加射擊
範圍。

（十）水關（水洞）：通過城牆底部的進水道或排水道，興隆舊城以花
崗石條構成水平柵欄，石縫間僅能過水但不能通人，以防止入
侵。〔註27〕

　　興隆磚石城的堅固，在百年後的縣址內，部份城牆還保留完整，而四座
城門中，除了西門不存以外，其他三門都還在原來的基址上。配合專家研究
及田野調查，能一窺興隆磚石城的建築特色。

　　東門，正面額書「鳳儀」是出自《書經》中「鳳凰來儀」的典故，是國

---

〔註27〕李乾朗，《臺灣古建築圖解事典》（臺北市：遠流出版社，2003 年），頁 40～
42。

家祥瑞之兆，而恰巧鳳山縣的著名地標「鳳山」就在興隆縣城之東，於是東門遂取爲「鳳儀」。〔註28〕由此也可得知，東門是往陂頭新城的主要出入口。根據門額落款是在「道光乙酉年陽月興工，丙戌年荔月竣事」證明與文獻相符，爲當時古蹟。整座城門座寬 16.9 公尺，深 8.3 公尺，臺座高 5.18 公尺，雉堞長 1.48 公尺，共有九個雉堞排列於外緣，兩隅角處呈曲尺形，皆有箭孔。後緣設有女牆，高 91 公分，左右兩緣有石砌階梯往城牆馬道。雉堞以下是咾咕石壁體，每塊多作不規則六角形，有似蜂巢，固合力甚強，可避免地震來時往橫向滑動。另存有馬道入口殘蹟，踏道呈斜坡狀，分作七級。〔註 29〕東門外的護城河是至今興隆石城中保存最完整的，與延伸的城牆勾勒出當時鳳山縣城的形狀。（圖 5-1-3）

圖 5-1-3　東門外的護城河與城牆

（拍攝日期：2010.02）

---

〔註28〕曾玉昆，〈鳳山縣城建城史之探討〉，頁 29。
〔註29〕李乾朗，《鳳山縣舊城調查研究》（李乾朗古建築研究室，1987 年），頁 58～59。

圖 5-1-4　興隆舊城東門「鳳儀門」

（拍攝日期：2010.02）

北門「拱辰門」典故出於《論語》為政篇：「為政以德，譬如北辰，居其所而眾星共（拱）之。」「拱」就是拱衛，北辰是北極星，古代認為是天上最尊之星，用以譬喻四方歸向。北門為城內興隆庄街通往城外埤仔頭街的出入口，也是縣城遷移到新城後還較為熱鬧的城區。北門外的公井「拱辰井」與土地公廟「鎮福社」象徵商旅往來的守護慣例。〔註30〕北門的城座寬與深都和東門差不多，也有九個雉堞，但女牆略矮只有 69 公分。臺座兩側設磚階通城牆馬道，護欄也以磚砌成。牆面中段主要以咾咕石砌成，下段為花崗石砌成六角蜂巢形以耐固。特別的是，北門的外壁拱洞兩側各嵌有一尊門神，屬泥塑加彩作法，用螺殼灰浮塑為底，外施油漆彩畫而成，在臺灣非常少見。左像為「神荼」，右像為「鬱壘」，兩者皆保存的相當完整。興隆縣城以南門為正門，如有門神當在南門，負有守衛城市的功用，但傳統認為北門為鬼門，或許因此才有門神塑像鎮守也是可以理解的。〔註31〕

---

〔註30〕曾玉昆，〈鳳山縣城建城史之探討〉，頁 30～31。
〔註31〕李乾朗，《鳳山縣舊城調查研究》，頁 63～67。

圖 5-1-5　舊城北門的馬道及馬道入口

（拍攝日期 2010.02）

圖 5-1-6　興隆磚石城的建材多為打鼓山的石灰岩

（拍攝日期：2009.08）

圖 5-1-7　舊城北門城樓上雉堞為閩南磚

（拍攝日期：2010.02）

圖 5-1-8　興隆舊城的北門現況

（拍攝日期：2010.02）

### 圖 5-1-9　北門外的土地公廟：鎮福社

（拍攝日期：2010.02）

　　東門和北門至今都留下道光時期所興建的大略殘蹟，但南門由於光復後整修過，已喪失原本的面貌，但推測應該和其他城門類似。南門稱「啓文」，與南面朱雀主文運的傳統有關，也有文曲在南之說，以此命名有盼起教化之意。〔註32〕南門是興隆縣城的正門，通往打狗港，也再一次證明了以興隆爲城是基於控扼打狗港的海防重要性。據學者考究，其城座爲土石構造，但城樓爲木結構，在 1930 年代倒塌，推測其外觀形式，屋頂爲歇山式，左右側坡出簷短，脊用三川脊，曲線和緩，給人平實的感覺，算是清代城樓設計中極有特色的，雖然經修復而古意未存，但南門的城門的臺座和拱洞都還是清代的原物，還是值得品賞。〔註33〕

〔註32〕曾玉昆，〈鳳山縣城建城史之探討〉，頁 30。
〔註33〕李乾朗，《鳳山縣舊城調查研究》，頁 68～69。

圖 5-1-10　興隆舊城的南門現況

（拍攝日期：2010.12）

　　一般來說，縣城的修築，應該是由地方行政首長來主導，像康熙六十一年（1722）築土城與雍正十二年（1734）植莿竹，又或是乾隆二十五年（1760）的增建砲臺，都是鳳山知縣來指導，但道光五年興隆石城的興修，卻是由臺灣知府方傳穟來主持建城的工作，是一個較特殊的情況。在興隆縣城的拱辰門上，有知縣杜紹祁與臺灣府方傳穟共同落款的字樣出現。

圖 5-1-11　拱辰門上寫著道光五年方傳穟與杜紹祁建的字樣

（拍攝日期：2010.02）

## 二、官制建築

官制建築是官方宣示地區統治權而有的具體表徵，包括：（一）官署衙門及其附屬設施，如公館、倉廒、教場等；（二）官設廟宇設施祠廟和壇等；（三）官設教育設施則有儒學、義學、書院等；（四）社會救濟設施。〔註34〕因為設施龐雜，以下只針對（一）、（二）、（三）項官制建築的設立與形制，選取較為重要者加以討論。

### （一）官署設施

《欽定大清會典》裡，針對各地方政府城內的建置有一定的規定。各城中文武官的衙署，其制：

> 治事之所為大堂、二堂，外為大門、儀門，大門之外為轅門；宴息之所為內室，為群室；吏攢辦事之所為科房。大者規制具備，官小者以次而減，佐貳官復視正印為減；布政使司、鹽政使司、糧道、鹽道，署側皆設庫；按察使司、及府、廳、州、縣，署側皆設庫獄；教官署皆依於明倫堂；各府及直隸州皆設考棚；武官之大者，於衙署之外，別設教場、演武廳。〔註35〕

縣城的設立，除了有防衛的作用外，最重要的就是行政中心的建立方便收稅及治理民事。清領臺初期，臺灣已開發的區域多在臺灣府城附近，諸羅、鳳山兩縣大部份都草萊未開闢，所以縣官和業戶大多居住在臺灣府。「至若諸羅、鳳山二邑，各有疆域，舍己邑不居，而寄居郡治臺邑之地，若僑寓然。」〔註36〕康熙三十六年（1697）來臺的郁永河認為縣官遷延府治的原因是「城池」的未建，這也顯現出清領初期，臺灣諸羅、鳳山兩縣還正處於百廢待舉的草創階段。

直到康熙四十三年（1704），鳳山知縣宋永清奉文歸治，並開始在城內建

---

〔註34〕「恤政」即社會救濟設施，大致上有育嬰堂、養濟院、普濟堂、留養局等，分別針對廢病遭棄的幼兒、貧民、獨居老人、遊民所提供的社會照顧機構，但因為相關文獻資料較不齊全，並且其設置地點不詳或在城外，所以本文不予討論。請參照：黃琡玲，〈臺灣清代城內官制建築研究〉（臺灣桃園：中原大學建築學系碩士論文，2001年），頁29、40～42。

〔註35〕崑岡等修、吳樹梅等纂《欽定大清會典》卷五十八：工部・建置・衙署。收錄於：《續修四庫全書・七九四・史部・政書類》（上海市：上海古籍出版社，2000年），頁568。

〔註36〕郁永河，《裨海紀遊》，頁30。

設縣署。當時縣治的情況是「簷角傾圮，幾無以爲使者停車之地。」這樣的破落景象，讓身爲知縣的宋永清有「體統不肅」的感慨，於「命梓人亟襄其事；於頭門、於儀門、於大堂、於川堂，內而衙署、外而六房，皆爲次第經理。」好不容易才讓縣治也有大致的規模。〔註37〕過了十多年，因爲年久失修，才在康熙五十七年（1718）由知縣李丕煜重修。「重修大堂以聽治、川堂以退食，後堂爲住宅；東西廊房齋閣，各有次第。大門、儀門，規制整肅。儀門之內，則書吏宿焉；大門之內，則輿隸居之。諸費悉捐己俸，不與民間。」〔註38〕縣署重修後，規模完整多了，門左有福德祠，門右有監獄，還有大堂、二堂、三堂儀門，〔註39〕此外也有供衙役、書吏居住的房間。其中令人佳賞的，就是全部重建的費用都是由李丕煜捐薪水籌得的。可見清領初期，朝廷採取消極的治臺政策，所以許多的基礎建設都有賴地方官員自己籌資才有辦法完成。

　　乾隆五年（1740），知縣程芳增建六房，縣署的規模又更大了。乾隆十二年（1747），知縣呂鍾琇增建露臺；十七年（1752），知縣吳士元在二堂的左側增建天后宮。二十一年（1756），知縣丁居信在二堂右側增建幕廳。二十七年（1762），知縣王瑛曾又再重修縣署。〔註40〕

　　除了縣署以外，城內還有參將署、守備署、典史署等衙署。參將署在縣治之右，守備署在參將署的對面，典史署在縣治之西。〔註41〕這三個衙署在康熙二十二、二十三年就建立了，典史署在雍正十二年（1734）時移建到縣左，守備署則在乾隆二十九年（1764）之時，移到鳳彈去了。參將署在縣城南未移，並附有軍器庫、火藥庫，〔註42〕從圖5-1-1可見其配置。另外還有倉廠七間，是明鄭時期建的。〔註43〕《重修鳳山縣志》搭配圖5-1-1來看，縣署的廳堂側邊設有倉庫和監獄皆符合規制。武官的參將署旁，除了營房外，還設有軍器庫、火藥庫，而教場（較場）則位於北門外。〔註44〕道光六年（1826）落成的興隆磚石城，又建了新的縣署還有典史署，旁側也附有倉庫和監獄，

〔註37〕陳文達，《鳳山縣志》，頁142。

〔註38〕陳文達，《鳳山縣志》，頁12。

〔註39〕王瑛曾，《重修鳳山縣志》，頁32～33。

〔註40〕王瑛曾，《重修鳳山縣志》，頁33。

〔註41〕陳文達，《鳳山縣志》，頁12～13。

〔註42〕王瑛曾，《重修鳳山縣志》，頁33、191、192。

〔註43〕陳文達，《鳳山縣志》，頁24。

〔註44〕王瑛曾，《重修鳳山縣志》，頁32～33、192～193。

參將署也重建，附有一個火藥庫。〔註 45〕只可惜磚石城落成後未被啓用，隨後鳳山縣治確定留在陂頭新城，導致關於興隆舊城改建後的記載較爲簡略，無法窺其全貌。

## （二）壇　廟

文武官員衙署代表的是官方統治權上地方行政落實的展現，傳統上是文左武右，代表文人地位較高。「祠廟」建築則代表宗教上安定民心的作用，並且以官方主導地方「祭祀」，建築相關廟壇，表示宗教最高的領導者亦是清朝政府。《欽定大清會典》裡指出：「各省城及府廳州縣城，皆設社稷壇、風雲雷雨山川壇、先農壇、文廟、關帝廟、文昌帝君廟、城隍廟、厲壇、名宦祠、鄉賢祠、忠義孝弟祠、烈女節婦祠。」〔註 46〕

每一座城都會設置一座城隍廟，在習俗上，城隍與衙署正好一者主陰，一者主陽，因此城隍廟座落城中的位置，主要依據衙署的位置而定，衙署大多位於城池的中心，所以城隍廟也相同，但是興隆縣城的城隍廟卻是位在北門外，傳統上北方主陰，或許也因此將城隍廟設在北門外。天后宮祭祀媽祖，媽祖爲傳統的海神信仰，於是多爲背山面海。興隆縣城的天后宮位在龜山上，廟身不大，道路蜿蜒曲折且背山面海，堪稱勝景。此外城內還建有武廟，也就是關帝廟；文廟則在設在北門外的蓮池潭畔，提到文教設施時會再詳細敘述。另外社稷壇、風雲雷雨山川壇這些祭拜自然神祇的廟，都設在北門外龜山附近，待祭拜完畢，再將神牌一并收藏在城隍廟中，厲壇的性質較特殊，具有「鎮煞」的意味。〔註 47〕其他還有土地廟、三山國王廟、節婦祠都位在北門內；忠義祠在北門外；先農壇在東門外；泗州寺在西門內，另外比較特別的還有康熙四十五年（1706），因爲蝗災所建的八蜡廟，位在龜山的北方。〔註 48〕

## （三）學　校

縣學的設立，顯現地方的文教發展是爲了培養下一代優秀的人才。學宮

---

〔註45〕〈復建鳳山縣城〉，收錄於：姚瑩，《東槎紀略》，頁 7。

〔註46〕崑岡等修、吳樹梅等纂《欽定大清會典》卷五十八：工部‧建置‧祠廟，頁 568。

〔註47〕吉申君，〈清代臺灣防禦性城市之建城原則〉（臺灣臺南：國立成功大學建築研究所碩士論文，2008 年），頁 89～95。

〔註48〕陳文達，《鳳山縣志》，頁 45。

的位置：「前有蓮池潭，為天然泮池；潭水澄清，荷香數里。鳳山對峙，案如列榜。打鼓、半屏插於左右，龜山、蛇山旋繞擁護，真人文勝地，形家以為甲於四學。」〔註49〕興隆庄的形勢被認為是風水寶地，建在其北門外的學宮，在半屏山與龜山的護衛下，再加上蓮池潭的美景，被視為培育人才的寶地。蓮池潭風景優美，多少騷人墨客以此為題，留下雋永的詩句。〔註50〕不論是白天或是晚上，蓮池潭都是文人喜歡遊覽的地方。當時的潭中甚至還有「招招舟子落輕篙」的景象，作為夜泛的場所。〔註51〕作為鳳山八景之一，此處的環境有良山美潭，非常適合培養文教氣息。

《鳳山縣志》提到「鳳山之學，則自康熙二十三年始」，但學宮應該是在康熙二十五年（1686）由當時的知縣楊芳聲建立。草創時期，自當無法完善，經過多年「僅存數椽以棲先師之神，而風雨不蔽」，祭典時只能「張篷行禮，祭畢撤去」，看起來非常克難。康熙四十三年（1704），知縣宋永清捐俸重建，這時期的學宮已經有初步的規模，「大成殿在前、啟聖祠在後，兩廡、欞星門畢備。」只是當時用木頭建造的建築，一遇上臺灣常見的颱風暴雨，不免傾倒。暴雨過後的大太陽，則讓木頭脆弱易碎，加上不可避免的蟲蛀，於是沒過幾年又殘破不堪。康熙五十八年（1719）時，知縣李丕煜再一次重修，新建的廟貌氣勢巍然，規制也算周全了。〔註52〕除了學宮之外，在文廟的左邊還設有義學，是康熙四十九年（1710）的知縣宋永清建的。

儒學教諭一職是在教諭課士，作育人才，算在縣衙的規制中，只是到了康熙五十九年（1720）鳳山縣的儒學署都還沒建立，難怪《鳳山縣志》中不免要抒發一下學署缺乏的感慨，並督促學署的建立。〔註53〕雍正十一年（1733）增設了儒學訓導的職位，儒學教諭署和訓導署皆在興隆縣城的北郊，教諭宅本在崇聖祠右，乾隆十一年（1746）移到明倫堂旁；訓導宅則在崇聖祠側，乾隆十七年（1752）始建。〔註54〕

---

〔註49〕陳文達，《鳳山縣志》，頁 14。

〔註50〕王瑛曾，《重修鳳山縣志》，頁 416。

〔註51〕王瑛曾，《重修鳳山縣志》，頁 418。

〔註52〕陳文達，《鳳山縣志》，頁 14、36。

〔註53〕陳文達，《鳳山縣志》，頁 13。

〔註54〕王瑛曾，《重修鳳山縣志》，頁 174。

圖 5-1-12　鳳山縣學宮圖

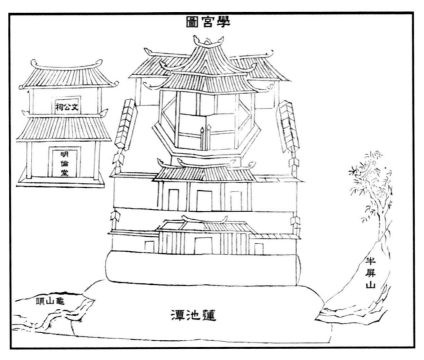

資料來源：王瑛曾，《重修鳳山縣志》（臺北市：文建會，2006），頁 50
　　　　　～51。

## 三、市街分佈

　　最後要提到的就是一個城池內的經濟體系，也就是市街的發展。「鳳山縣
爲全臺南路盡界也，濱海隅以成邑，因故鎮以爲城。」〔註 55〕興隆縣城延續
著明鄭的舊地，在清朝成爲鳳山縣的首府，持續發展。由於設治之初，百廢
待舉，縣官多在臺灣府城辦公，直至康熙四十三年（1704），知縣宋永清才因
福建巡撫張伯行的命令「飭歸縣治」。宋永清奉文歸治後在興隆縣城從事多項
建設，並濬深蓮池潭，灌田數量增加，讓興隆縣城有了初步的發展。〔註 56〕

　　早在康熙三十五年（1696），興隆縣城即發展出了「興隆庄街」，代表從
康熙二十四年（1685）到康熙三十五年（1696）這十年間，雖然縣官未赴縣

〔註 55〕〈鳳山縣輿圖總說〉，收錄於：臺灣銀行經濟研究室編，《臺灣府輿圖纂要》（臺
　　　　北市：臺灣銀行經濟研究室，1963 年），頁 151。
〔註 56〕張朝隆，〈清朝鳳山縣治遷移之研究〉（臺灣臺南：國立成功大學歷史學系碩
　　　　士論文，2001 年），頁 26～27。

治理事，但南路營的駐紮帶來了消費的人潮，於是當地正呈現穩定的發展狀態。〔註 57〕康熙五十九年（1720）經過知縣宋永清、李丕煜等人的建設，興隆縣城更是欣欣向榮。乾隆二十九年（1764），縣城內除了主要的興隆庄街，還發展出了縣前街、下街仔、大街、南門口街、總爺口街、北門內街等街市，證明此時的興隆縣城商貿發展是蒸蒸日上。〔註 58〕

乾隆五十三年（1788），鳳山縣城遷往下陂頭街後，興隆縣城失去了行政中心與軍事中心的位置，官方衙署的遷移，也帶走了廣大的消費人潮，原本就僻處海隅的興隆縣城，此時城內的街市發展遂逐漸沒落。道光六年（1826）新建的磚石城完工後，因為設計不良，導致下雨時龜山之水流入城內無所排洩，造成淹水，使得興隆縣城更不適合人居，導致道光二十七年（1847）劉韻珂視察時，興隆縣城居民只有五百人的境況。〔註 59〕到了光緒二十年（1894），興隆縣城內只剩縣前街所改名的大道公街依然是熱鬧的街市，其他舊有的下街仔、南門口街、大街、總爺口街、北門內街都因為人口減少，已不成市。〔註 60〕值得注意的是北門外的埤仔頭街，因為當地依賴著蓮池潭的水利，已自成一顯著的發展區，加上當地文教與宗教信仰的穩固，所以在城內街市因縣治轉移而沒落時，還可以維持自身聚落的繁榮。〔註 61〕

從圖 5-1-13 中可看出，興隆縣城的街道是屬於一種「人字丁交」的型式，這種形式是由十字形變化而來。十字形系統的點是南北大街與東西大街相交在城中心，但「人字丁交」型並沒有直通的東西大街或南北大街。興隆縣城可能因為遭逢變亂，又是新改築的城池，故城內可能沒有發展完成，導致龜山及空地佔去大部份城內的面積。從此圖也可還原城內建置與街道的關係，城門以南門為正門，是通往打狗港的主要出口；北門外通市街、文廟與蓮池潭，是最繁忙的出入口；東門的位置剛好在東城牆的中點，是通往鳳山新城的出入口；西門位置在最西端與南門接近，交通上往來上可能是作為連絡蛇山與打鼓山的出入口。〔註 62〕

---

〔註 57〕高拱乾，《臺灣府志》三種合刊本（北京市：中華書局，1985 年），頁 491、510。

〔註 58〕王瑛增，《重修鳳山縣志》，頁 31。

〔註 59〕劉韻珂，〈請將鳳山縣新城移作縣治由〉，軍機檔 079328 號。

〔註 60〕盧德嘉，《鳳山縣采訪冊》，頁 137。

〔註 61〕林佩諭，〈鳳山縣舊城及週遭聚落變遷之研究（1661～1970）〉，頁 52。

〔註 62〕李乾朗，《鳳山縣舊城調查研究》，頁 53。

圖 5-1-13　興隆舊城考證復原圖

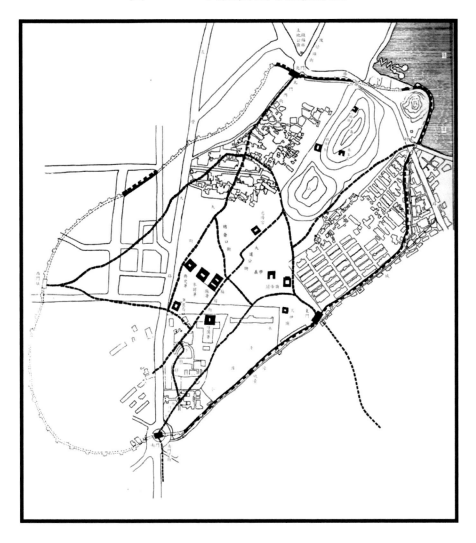

資料來源：李乾朗，《鳳山縣舊城調查研究》，55。

## 第二節　陂頭新城的城制

　　陂頭新城的城池形狀特殊為不規則形，有如元寶，北段城牆向北突出，東段城牆則向東突出，整體形狀有如靴子。傳統中國城池的形狀以方形為理想，象徵「天圓地方」，但實際上城池的形狀多因為地形地貌的限制，或是交

通發展等其他因素影響，而呈現圓形或其他不規則形。〔註63〕新城的城制是因應交通所形成，由於北門是通往臺灣府城的門戶，東門則是前往下淡水區的出入口，所以城池規畫兩處特別突出。下陂頭街早在建城之前就是鳳山縣最大的街市所在，乾隆年間建城後不免會遷就舊有的街市發展，因此造成這種特殊的城制，也由於是發展成熟才建城，所以官方衙署只能遷就既有街市的發展，在遠離市街中心的地點覓得土地來建衙署，這也是鳳山新城中官方衙署多集中在西北邊的緣故。〔註64〕

## 一、防禦類建築

城池西北隅的「平成」礮臺，平面呈長方形，內側有階梯直上，並略向內傾斜，使較穩固。女牆為磚所砌，外粉刷白灰泥。正面嵌有花崗石所刻之匾額，曰「平成」，旁落款為「道光戊戌年（18年）清和月穀旦，知鳳山縣事曹謹建」等字樣。

「訓風」礮臺，平面呈圓弧形，位於新城東南角上，前臨鳳山溪與城濠合流處，形勢非常險要。主結構為咾咕石與卵石，有如一段彎曲的城牆，匾額嵌於城內，曰「訓風，道光戊戌年穀旦，南路營參將余躍龍督造，鋪戶楊協興丁黃錫隆號張泉利建造」。額石左右有泥塑之書卷裝飾，作工嚴謹。〔註65〕位於東門附近的訓風礮臺由鋪戶商號捐款興建，並且由南路營參將來督造，可見其位置的重要性。東門是往來下淡水區的重要孔道，從下淡水區運來的貨品糧食都在東門進出，從此門往東，也是鳳彈汛的所在，所以商號願意捐資興建，以保衛經商的安全，而官方也必須確實督造，保障通往鳳彈的防護。

位於西南隅的「澄瀾」礮臺，平面呈不規則的八角形，向西、西北及向東、向南的四面較大，其餘較小。其剛好座落在城牆轉角處，北面與東南面銜接城牆，牆體為卵石與局部咾咕石，雉堞為磚砌，外粉石灰。花崗石的匾額刻著「澄瀾，道光拾柒年六月建，鳳山縣正堂曹謹□以仁，□□協興，□同成全立」的字樣。

---

〔註63〕 周郁森，〈清代臺灣城牆興築之研究〉，頁92～93。
〔註64〕 李乾朗，《鳳山縣城殘蹟調查研究》（臺灣高雄：高雄縣政府，1995年），頁17～18。
〔註65〕 李乾朗，《鳳山縣城殘蹟調查研究》，頁37～40。

圖 5-2-1　平成礮臺現狀　　　　圖 5-2-2　訓風礮臺現狀

（拍攝日期：2010.09）　　　　　（拍攝日期：2010.02）

圖 5-2-3　澄瀾礮臺與濠溝

（拍攝日期：2010.09）

## 二、城郭類建築

　　圖 5-2-4 是陂頭新城的城池復原圖，鳳山新城的規畫最重要的就是通往下

淡水區的東門，以及通往臺灣府治的北門，當年吳兆麟在規劃城門時，北邊
通往臺灣府治開了北門，而在北門之外，又開了外北門，並在外北門上題名
「郡南第一關」，可見到嘉慶時期，鳳山新城無庸置疑已經成為臺灣府城以南
最重要的城市。

圖 5-2-4　鳳山新城城池考證復原圖

資料來源：李乾朗，《鳳山縣城殘蹟調查研究》，頁 20。簡炯仁總纂，《鳳
山市志》（臺灣高雄：鳳山市公所，2004），頁 150。

　　上節討論興隆舊城的城門，曾經提到城門數受到行政階級的影響，縣級通常只開四門，然而鳳山新城卻開了五門〔註66〕，東側多開一門，所以東門有大小之分，小東門也就是俗稱的東便門。除了因為東面因為是通往下淡水區農業重鎮的所在，開兩門以利交通往來的之外，或許也因為安全上的考量。鳳山縣動亂頻繁，陂頭街又屢成為敵人搶攻的目標，位於城東的火藥庫由於結構堅固，遂成為避難的好地點，而東側開兩門，或許也為了亂時方便官眷逃難所設。〔註67〕

　　東便門是現在鳳山市內僅存的城門遺址，落款是「道光十九年」（1839）也是曹謹重建的。東便門外有東福橋是聯繫城內打鐵街與城外過溝仔街的重要途徑，橋身為磚石所建，三個船首狀的橋墩形制、構造是在同治三年（1864）所修，可以減少水流阻力，〔註68〕直到 2001 年都保存良好，還可供行人、機踏車往來。可惜在 2001 年 7 月 11 日由潭美颱風帶來的驚人雨量，將舊有橋墩沖斷，現今的橋身則為日後所重建，而被沖毀的橋墩則立於重建後的橋旁廣場，供後人憑弔。

圖 5-2-5　　被漆上白漆的東便門現 
　　　　　　狀

圖 5-2-6　　船型橋墩殘蹟

（拍攝日期：2010.02）　　　　　　　　（拍攝日期：2010.02）

　　道光十七年（1837）就任鳳山知縣的曹謹，對於鳳山新城城制發展完備所作的貢獻，其中影響鳳山新舊城命運關鍵的分水嶺，就是曹謹所下令修築

<hr />

〔註66〕外北門在城牆之外，未列入城門計算。
〔註67〕周郁森，〈清代臺灣城牆興築之研究〉，頁 95。
〔註68〕李乾朗，《鳳山縣城殘蹟調查研究》，頁 41～45。

的曹公圳。曹公新舊圳的興築，讓高雄平原的旱地水田化，糧食的增產得以
養活更多的人口，也可減少社會問題的發生。〔註69〕除了帶動鳳山縣拓墾的
進一步發展，鳳山新城也因此受惠。道光二十七年（1847），閩浙總督劉韻珂
在處理鳳山縣治遷治的爭議時，從前「陂頭土薄水淺，地苦潮濕」的情況，
前面章節已有討論，在曹謹的整頓後已經沒有淹水的問題，新城內外濠溝皆
有所通，其中赤山下圳、鼓港圳、中圳、竹腳圳都是在外濠溝的範圍內，而
薦龍圳、柑宅瓣圳則位在縣城西南角（澄瀾礮臺角）以及柑宅園旁，源自內
濠溝分支，也就是武洛塘下游之水。曹謹外濬濠溝，西、南、北門築內濠溝，
東門外則有東門溪（鳳山溪）當作天然濠溝，濠溝廣一丈二尺，深一丈一尺，
共長一千一百二十丈。〔註70〕曹謹疏濬了鳳山新城的內外濠溝，連結曹公圳，
一方面可供灌溉，另一方面下雨時可供雨水宣洩，排水的問題於焉解決。反
而是興隆舊城因為規畫不良，導致下雨後常常淹水，以此作為人民不想遷回
舊城，而想留在新城的依據。

　　道光二十七年（1847）後，鳳山縣治確立在陂頭新城後，關於陂頭新城
是否要改建成較堅固的磚石城的問題，當時的福建巡撫徐繼畬認為如果要改
建，所費不貲，如果要將興隆石城的材料拆除移往新城，又未必合用。所以
採用折衷的辦法，就是在竹城之內再加築土垣，也就是竹城內在築一個土城
的雙城圍制，但是築土城的費用要該地官紳自行捐辦。〔註71〕當時興隆石城
甫完工，地方無力再捐貲，所以縣城確立在陂頭新城後，只在新城補種莿竹，
並沒有立刻修築土城。

　　咸豐四年（1854）參將曾元福開始建築土牆，土牆高度八尺，寬二尺，
並不像興隆磚石城般上有雉堞，可見型式較為簡陋，而牆外仍植莿竹，周長
一樣為一千一百二十丈。〔註72〕這次的築城，很明顯的是受到林恭事件的影
響，才在鳳山新城築起土牆，但只築城牆，其他的地方都延續曹謹的建設，
一方面是因為城門與礮臺都依舊穩固，所以可供沿用，另一方面來說，或許

〔註69〕簡炯仁，〈歷史篇：高雄地區的開發〉，收於《高縣文獻：鳳山建城220週年
　　　　特輯》（臺灣高雄：高雄縣政府文化局，2008年），頁47～55。
〔註70〕盧德嘉，《鳳山縣采訪冊》，頁79～80、135。
〔註71〕徐繼畬，〈奏為查明鳳山縣治移駐埤頭毋庸改建石城興隆舊城亦無須另行分防
　　　　恭摺〉，收錄於：沈景鴻等編，《清宮月摺檔臺灣史料（一）》（臺北市：國立
　　　　故宮博物院，1994年），頁210～214。
〔註72〕盧德嘉，《鳳山縣采訪冊》，頁135。

也是迫於林恭事件的刺激，勉強才湊得經費來修築城牆。

## 三、官制建築

### （一）官署設施

鳳山縣城從乾隆五十三年（1788）移到下陂頭街以後，所有的衙署都必須重新興建。剛開始是依照福康安的提議租賃民房爲縣衙辦事處，到了嘉慶九年（1804），當時的知縣吳兆麟才開始有具體的城池規畫，除了倡建四門以外，他還在縣城內建了大小五十間的縣署，有大堂、二堂、三堂、花廳、幕廳、內室，外面則有頭門和儀門。門口的左右邊各是福德祠和監獄，門內還有八房辦事所。縣署後並設有十間的倉廒，另外，在縣署左邊還興建了典史署。

由於鳳山新城的設立與亂事有關，所以當時最快遷建的就是南路營參將署，在縣城南門內，乾隆五十三年（1788）時就遷入下陂頭街。南路營參將署不分大小，總共有四十八間，其中「頭門五間、門外左右各二間、大堂三間、堂左四間、堂右蕭曹祠三間、二堂五間、左右兩廊各三間、上房五間、左右兩廊各二間、官廳五間、廚房四間。」〔註73〕可見面積之大，當是乾隆五十三年時，鳳山新城內最大的官方設施。中軍守備署則是在參將營的東邊，在道光二十八年（1848）才移建完畢，而參將營所附的火藥庫則在中軍衙右，跟參將營同時移建。可惜這些軍署在咸豐三年（1853），林恭事件後遭到破壞，與縣署一樣，在咸豐四年的時候才修復完畢。〔註74〕

### （二）壇　廟

鳳山新城的格局雖小，但地形平坦，腹地寬闊，「位於上下適中之地，可以控制全邑。」〔註75〕於是從一個民居聚落，轉變成一個縣官治事的首要之地。與興隆舊城的情況不同，鳳山新城是先累積起自身的人口實力，才成爲行政中心，要觀察下陂頭街的聚落發展就必須從地方廟開始看起。

康熙五十九年（1720）下陂頭街已經成爲鳳山縣內最大的街市所在，人口聚集往來，理說應會有一些祠廟的興建以滿足居民對宗教信仰的渴求。於是在乾隆二十九年（1764）《重修鳳山縣志》中，可看到壇廟的部份，埤頭街

〔註73〕盧德嘉，《鳳山縣采訪冊》，頁139～141。
〔註74〕盧德嘉，《鳳山縣采訪冊》，頁139～142、147。
〔註75〕臺灣銀行經濟研究室編，《臺灣府輿圖纂要》，頁73。

已有有天后廟和三山國王廟的出現，而寺觀中則可看到下陂頭街有兩座龍山寺，分別在草店頭與草店尾的地方。〔註76〕

上述提過，乾隆二十九年，下陂頭街已經可再分出草店頭、草店尾、中街、武洛塘街等街市，其中草店頭、草店尾，就是下陂頭街發展的精華所在，也就是現今鳳山市三民路的頭尾兩端。草店頭在西、草店尾在東，當時的廟宇多位在這條大道上。（詳見圖5-2-4）

草店頭的天后宮和龍山寺其實是同一間廟，也就是現在三民路與雙慈街交叉口的雙慈亭，在道光八年（1828）的〈重修雙慈亭碑記〉提到，「慈何以名？取慈悲之義而名之也。雙何以名？是廟昔奉觀音佛祖，迨乾隆癸酉（18年）增建前進，兼祀天上聖母，故名之曰『雙慈亭』。」〔註77〕這顯示雙慈亭的前身其實是專祀觀音的廟宇，到了乾隆十八年（1753）才擴建前庭兼祀媽祖。而兼祀媽祖後的龍山寺改名叫雙慈亭，在乾隆二十九年（1764）時，還可看到其原稱，但到了光緒二十年（1894）的《鳳山縣采訪冊》中，只留下在天后宮條下，寫著「額『雙慈亭』，後祀觀音」〔註78〕的記載，龍山寺已被天后宮喧賓奪主給蓋過了。雖然如此，草店頭的龍山寺是見證下陂頭街發展的重要村廟，到乾隆十八年，有擴建前廳的能力來看，龍山寺的存在必須累積相當的信仰群眾，可能是乾隆初年或更早的雍正年間就設立了。草店頭街的「雙慈亭」現今因為多次重建後，已經失去古樸的舊貌而無法列入古蹟的行列，但廟中還留有清代的匾額、石牌等古物，可供憑弔。

草店頭雙慈亭失去舊貌的同時，在草店尾的龍山寺命運就不同了，因為保存得宜，在稍加整修後，得以保留舊貌，並成為國家二級古蹟。草店尾的龍山寺根據采訪冊提到「在大東門內，屋十二間，乾隆三十年居民建」〔註79〕但這不可能是其創建的時間，因為上述過乾隆二十九年的《重修鳳山縣志》中就有其記載。確切的興建時間，就必須從廟內的牌匾去推測，最早的匾額為乾隆二十五年（1760）刻的「南雲東照」顯示該廟的歷史應該在此之前，而道光十五年（1835）〈重修龍山寺碑記〉中提到「緣龍山寺建廟垂茲近百年

〔註76〕王瑛曾，《重修鳳山縣志》，頁150、153、267。

〔註77〕〈重修雙慈亭碑記〉，收錄於：臺灣銀行經濟研究室編，《臺灣南部碑文集成》（臺北市：臺灣銀行經濟研究室，1966年），頁239～242。

〔註78〕盧德嘉，《鳳山縣采訪冊》，頁167。

〔註79〕盧德嘉，《鳳山縣采訪冊》，頁170。

矣」，再往上推百年，估計建廟時間應是在雍正到乾隆年間，或許和草店頭的龍山寺差不多。〔註80〕

圖 5-2-7　草店尾龍山寺的現貌

（拍攝日期：2011.01）

圖 5-2-8　龍山寺內乾隆三十三年（1768）「墨名儒行」古匾

---

〔註80〕 簡炯仁，《高雄縣的開發與族群關係》（臺灣高雄：高雄縣文化局，1998 年），
　　　　頁 113～117。

（拍攝日期：2010.02）

　　乾隆二十九年（1764）之前，陂頭街尾有一座三山國王廟「在三角通街，屋六間（額「廣寧廟」），乾隆二十年韓江募建，同治十二年洪大吉董修，後殿爲昌黎祠。」﹝註81﹞這間位三角通街的三山國王廟，是在乾隆二十年（1755）建立的，當時因爲還沒有三角通街的名稱，所以才會記載說在埤頭街尾。考證三角通街的位置，可能是與現今三民路垂直，三山國王廟或許就設在街口的位置（詳見圖5-2-4），但因爲遺址已經不存，很難正確的定位其位置。

　　從乾隆初期的村廟發展，可得知下陂頭街主要是沿著現今的三民路往外擴展。之後還有一些廟宇的修建，在登瀛街的主祀媽祖的「湄州宮」，俗呼興化媽祖廟，是在道光二年（1822）興建的；還有道光十八年（1838）興建的內北門街天后宮。城隍廟爲一個城市的守護神，有城就有城隍廟的需求，鳳山新城的城隍廟是嘉慶五年（1800）所興建，位置就在鳳儀書院的旁邊，現今依然香火鼎盛。城隍廟的隔壁還有一間龍王廟，是道光二十三年（1843）所修建的。福德祠奉祀土地公，有土斯有財，爲群眾所普遍祭祀，有一座在中和街，屋四間，嘉慶十四年（1809）居民所建；另一座在小東門外過溝仔街，額稱「東福祠」，創建莫考，現與東便門、東便橋變成一體保護的古蹟。鳳山的玉皇宮額曰「靈霄殿」，現多稱爲天公廟，創建莫考，在登瀛街，大小九間，咸豐三年（1853）重修，也是縣城內至今仍香火鼎盛的大廟。位於鳳

﹝註81﹞盧德嘉，《鳳山縣采訪冊》，頁177。

儀書院頭門內左畔的曹公祠，是咸豐十年（1860）全縣的士民為了感念知縣曹謹修築曹公圳所建的，今位於曹公路上，民國八十一年時改為曹公廟。西門內也有昭忠祠為義民廟，是道光二十七年（1847）所設。同安廟位在中和街，屋四間，奉祀清水祖師、保生大帝、天后與張舍人，同治十二年（1873）舉人王希維修建。〔註82〕

### （三）學　校

作為一個縣城，鳳山新城除了在行政、軍事的功能上，應該還要具備文教的功能，才算完善。鳳山新城是一個遷建的縣城，在文教方面一直無法跟設治有兩百多年的興隆舊城相比，且舊城的形勢一直被認為是風水寶地，利於人才培養，所以學宮一直未遷來下陂頭街。在文教缺乏的情況下，於是有識之士就在下陂頭街興建起「鳳儀書院」。嘉慶十九年（1814），由候選訓導歲貢生張廷欽興建的鳳儀書院，擔負起鳳山新城的文教大任，是當時鳳山縣內書院規模最大的。「鳳儀書院，在縣署東數武，屋三十七間：正中廳事三間、左右官廳房各二間、兩廊學舍十二間、講堂三間、頭門五間、義倉几間、聖蹟庫一間。」〔註83〕到了光緒元年（1875）又增建了試院「在鳳儀書院東偏，屋三十六間：頭門五間、大堂一座、大堂前閩童廊號十間、座位四百號、大堂後穿心亭一座、亭左粵童廊號六間、坐位二百四十號、亭後閱卷廳事一間、左右官房各三間、廚房一間、廳事後為奎樓、樓左房屋五間。」〔註84〕鳳儀書院於光緒十七年（1891）重修，書院加上試院的占地非常廣大，為現今鳳山區內重要的歷史古蹟，在民國七十四年（1985）被國家列入三級古蹟，保存情況還算完整。位於鳳山城隍廟旁的鳳儀書院正在進行整修，尚未完工開放。

## 四、市街分佈

下陂頭街是因為交通及商業因素而興起的城市，市街的發展也隨著縣城的建設更顯發達。乾隆二十九年（1764）時，從原本的下陂頭街還可分化成草店頭、草店尾、中街、武洛塘街等街市，〔註85〕乾隆五十三年（1788）

---

〔註82〕盧德嘉，《鳳山縣采訪冊》，頁 164〜190；李乾朗，《鳳山縣城殘蹟調查研究》，頁 26〜27。
〔註83〕盧德嘉，《鳳山縣采訪冊》，頁 158。
〔註84〕盧德嘉，《鳳山縣采訪冊》，頁 160。
〔註85〕王瑛曾，《重修鳳山縣志》，頁 32。

建城後，行政、軍事及商業中心合併的促進之下，到了光緒二十年（1894）時，城內便發展出了十五條街市：「外北門街、和安街、頂橫街、縣口街、登瀛街、永安街、大廟口街、仁壽街、寅餞門街、大老衙街、中和街、慶安街、仁和街、下橫街、打鐵街。以上十五條，均在縣城內，屬大竹里。」〔註86〕

　　鳳山新城的街道採用中國傳統上常用的「丁」字系統，即東西大街與南北大街均非直線相通。新城的北門內有內北門街、頂橫街、和安街、中和街；東門內有下橫街、草店尾街；東便門內有打鐵街；西門內有永安街、縣口街、大廟口街與草店頭街等。街道中以和安街、大廟口街、草店頭街及草店尾街等最為熱鬧繁榮，幾座大廟也都分佈於此。和安街一帶以城隍廟為中心，大廟口街以雙慈亭為中心，草店尾街則以龍山寺為中心。〔註87〕（圖 5-2-4）

## 第三節　兩城城制的總體比較

　　鳳山縣城作為清代臺灣府城以南最重要的城市所在，城內的建置必須兼備各項發展才能滿足人群的需求，進而達到聚集人潮，而人潮又進一步帶動建設發展的良性循環。在了解鳳山新舊城的城制與城內的設置後，則列表比較兩城在各項城市機能上的優劣程度，試圖理解主導兩城命運走向不同的關鍵，究竟是單憑官方的命令作決定，還是人民的向背也具有影響力。

　　表 5-3-1 為新舊城各項機能的列表，兩相比較結果較優者，在其後以「★」號表示。第二項行政衙署二城皆具備，所以皆有「★」，第三項宗教及第五項商業街市則衡量較多者得「★」號，文教部份則是以縣學為優先，排水系統因為影響居住品質甚深，於是也列入比較。

表 5-3-1　鳳山新舊城機能比較表

| | 興 隆 舊 城 | 陂 頭 新 城 |
|---|---|---|
| 城池形制（築城材料） | 磚石城★ | 土城 |
| 行政（官制建築） | 有★ | 有★ |
| 宗教（壇廟） | 17 | 18★ |

〔註86〕 盧德嘉，《鳳山縣采訪冊》，頁 135～137。
〔註87〕 李乾朗，《鳳山縣城殘蹟調查研究》，頁 19。

| 文教（學校） | 鳳山縣學（官學）、義學、社學★ | 鳳儀書院、義學、社學 |
|---|---|---|
| 經濟（街市最大值） | 6 條 | 15 條★ |
| 排水系統 | 劣 | 優★ |

　　整體來說，在城池的形制與文教方面，興隆舊城是比較優良的，因為城池的是以堅固的磚石所打造，防禦性較陂頭新城的土城為優。在文教方面，遷治後縣學並未遷移到新城，興隆舊城的文教結合蓮池潭的風水，被視為是培育人才的寶地，而縣學的設置通常會結合儒學署、文廟等文教設施。興隆舊城除了有蓮池潭當天然泮池外，另有「鳳彈山」當作文廟的案山，其山形圓潤如卵，風水師認為當地有「出將入相」之才，〔註 88〕也因為這樣，縣學才未跟縣治一起遷移，也導致文教的機能方面似乎是興隆舊城略勝一籌的情況。

## 表 5-3-2　鳳山新舊城內祠廟總表〔註 89〕

| 數量 | 創 建 年 代 | 興 隆 舊 城 | 創 建 年 代 | 陂 頭 新 城 |
|---|---|---|---|---|
| 1 | 莫考 | 先農廟 | 咸豐三年 | 玉皇宮（天公廟） |
| 2 | 雍正五年 | 關帝廟 | 莫考 | 先農廟 |
| 3 | 康熙二十二年 | 龜峯巖（天后宮） | 莫考 | 天后宮（雙慈亭） |
| 4 | 康熙二十六年 | 慈德宮（天后宮） | 莫考 | 湄洲宮（天后宮） |
| 5 | 康熙五十八年 | 興隆寺（觀音寺） | 道光十八年 | 天后宮（內北門街） |
| 6 | 莫考 | 泗洲寺（觀音寺） | 乾隆五十九年 | 四聖廟（天后宮） |
| 7 | 雍正年間 | 慈濟宮（保生大帝廟） | 同治五年 | 天后宮（火藥庫內） |
| 8 | 莫考 | 開漳聖王廟 | 乾隆三十年 | 龍山寺（觀音寺） |
| 9 | 乾隆五十四年 | 廣濟宮（三山國王） | 乾隆二十年 | 三山國王廟（附韓文公祠） |
| 10 | 康熙五十七年 | 城隍廟 | 嘉慶五年 | 城隍廟 |
| 11 | 莫考 | 火神廟 | 道光二十三年 | 龍王廟 |
| 12 | 莫考 | 伽藍爺廟 | 同治四年 | 東嶽廟（仁聖大帝） |

〔註88〕吉申君，〈清代臺灣防禦性城市之建城原則〉，頁 91。
〔註89〕本表依據光緒二十年（1894）的《鳳山縣采訪冊》內，「祠廟」條下統計而出，以新城（縣治）、舊城（舊治）內外為統計標準。

| 13 | 道光二十九年 | 東瀛社（土地公） | 莫考 | 同安廟（祖師廟） |
| --- | --- | --- | --- | --- |
| 14 | 道光二十九年 | 福德祠（舊治南郊） | 莫考 | 福德祠（縣署左側） |
| 15 | 光緒九年 | 鎮福社（土地公） | 嘉慶十四年 | 福德祠（中和街） |
| 16 | 莫考 | 節孝祠 | 莫考 | 東福祠（小東門外） |
| 17 | 莫考 | 潮軍義勇祠 | 咸豐十年 | 曹公祠 |
| 18 | | | 道光二十七年 | 昭忠祠（義民祠） |

資料來源：《鳳山縣志》、《重修鳳山縣志》、《鳳山縣采訪冊》，以及林佩諭，〈鳳山縣舊城及週遭聚落變遷之研究（1661～1970）〉，頁50。

　　陂頭新城在則在排水系統與街市的活躍度上勝過興隆舊城，而兩城在宗教的部份上來說，幾乎是不相上下，如表5-3-2所示，兩座城市在清領時期都各自發展出了將近二十間祠廟，這些祠廟也反映了兩城中遍佈有不同籍貫的族群。

　　中國城的發展，受政治的影響最大，軍事防禦次之，商業和交通等的需要都只是陪襯。〔註90〕試將此種說法套用在鳳山縣城的發展之上，討論是否符合此理論。鳳山縣城的選址，原先是在鳳山庄與興隆庄間擺盪，後來興隆庄由於較接近府城，可控扼打狗港，另外又有天然的風水形勝，成為最後勝出的關鍵。興隆庄也是明鄭屯墾故地，在政治及重視中國海防的軍事觀念影響下，興隆庄成為縣城似乎與上述說法不謀而合。康熙末年下淡水區的開發，導致下陂頭街的興起，雍正年間即有官員認為應將縣城移往此陸防要地，不只是基於軍事的要求，也因為下陂頭街的位置是人口往來下淡水區與打狗平原的中繼站，交通地位重要，具有治理民事的便利性。乾隆五十三年（1788）下陂頭街變成鳳山新城的所在，也說明下陂頭街的建城似乎不符合上述商業和交通只是陪襯的說法。

　　進一步來討論，影響建城的關鍵究竟是以官方政治、軍事上為優先考量，還是以民間商業和交通的便利性為考量來分析，嘉慶十二年（1807），鳳山縣城因為吳淮泗事件決議由陂頭新城遷往興隆舊城，興隆縣城的形勢對於海上偵防較佳，而陂頭新城當時正飽受戰亂和淹水所苦，遷城的決定有軍事上的考量，卻也符合人心的走向。但在道光六年（1826）興隆磚石城落成完工後，卻遲遲不遷城，原因就在於陂頭新城已恢復既往的繁榮，其商業和交通的利

―――――――――――

〔註90〕陳正祥，〈中國的城〉，頁72。

基太大,不僅民眾不想遷回舊城,就連官員也干犯上命滯留新城。在人民的心中,動亂不是年年有,但生活卻必須天天過,因為有地利之便,讓下陂頭街成為鳳山縣境內,五方輳集的商業大城,生活的便利性加上平原形勢的爽塏,讓人民樂於居住在只用莿竹圍成的新城。

城池的形制代表軍事防禦的等級,陂頭新城的防禦力比興隆舊城低,文教也不如興隆舊城的文風悠久,但事實上這些要素似乎不是鳳山縣民選擇新城居住的要點,更何況這些因素是可以以外力來改善。在文教方面,嘉慶十九年(1814)由鳳山縣的地方人士捐款籌資,重修興隆舊城的大成殿,並在陂頭新城的縣署旁興建書院,道光三年(1823)完工,鳳山的詩社奮社在背後支持書院運作。〔註91〕「鳳儀書院」是陂頭新城文教的代表,到了光緒元年(1875)增建試院,試院通常興建在等級較高、文風較鼎盛的地區,〔註92〕這或許也可以顯示在鳳山縣城的發展後期,文教的發展重心也跟隨行政中心的發展,逐漸轉移到鳳山新城來了。

總體來說,興隆舊城在政治、防禦的參數上較為特出,而陂頭新城則是在商業、交通部分超前許多,從上述的討論,以及道光二十七年(1847)劉韻珂視察當地,決議以陂頭新城為縣城的上奏中,可以看見陂頭新城時有八千人和興隆舊城只有五百人的情況相比較,很明顯的陂頭新城是民意的選擇,也代表了商業的取向勝過政治的取向。由清代的文人所作的詩作中,也可明顯呈現下陂頭地方商業特別發達的景象:「遙遙行李向溪東,待度埤頭一徑通。邸舍人歌春樹外,征車牛逐暮雲中。沙連淡水村村竹,路近新園處處菘。橋畔酒家帘影動,憐他少婦倚微風。」〔註93〕「待度埤頭一徑通」表現了交通不便的清代人群往來下淡水區的心境,他們在陂頭街暫歇,等待接下來「一徑通」,得以快速的渡溪抵達下淡水區的街市新園,沿途市集商家的景象也盡入眼簾。這就是下陂頭街給人的印象,其為前往下淡水區的必經道路,位置的優越、市集的熱鬧,成為日後鳳山縣建城於此的重要關鍵。

〔註91〕李乾朗,《鳳山鳳儀書院調查研究》(臺灣高雄:高雄縣政府,1996年),頁13～17。

〔註92〕吉申君,〈清代臺灣防禦性城市之建城原則〉,頁99。

〔註93〕陳輝,〈過埤頭店〉,收錄於:王瑛曾,《重修鳳山縣志》,頁398。

# 第六章　打狗開港與鳳山縣城
　　　　　地位的比較


　　行政和軍事是清代臺灣市街分化與成長的兩股基本力量，一個聚落能否從鄉街發展成爲區域的中型或大型市街，大致決定於該地是否擁有較高位階的行政和軍事單位。〔註 1〕鳳山縣治新舊兩城在當時都是地方行政的最高單位，同時也都是地方軍事最高單位南路營的所在地。由行政與軍事單位的設置帶動大批官方工作人員進駐城內，這些官方人員也構成市街經濟活動中基本部門的主要成員。當一個市街的基本部門，其就業人口愈多，所能吸收和容納的非基本部門就業人口也愈多，市街的規模也就愈大，反之就愈小。基本部門的就業人口有四類：（一）從官府領取薪俸、或向人民收取陋規，以管理人民爲職責的衙門的官吏差役等。（二）爲維持地方安寧而佈置在市街內的營汛兵弁。（三）爲取得和官府的密切聯繫而住進市街的仕紳、地主等。（四）爲四周農民和城內居民提供商品和服務的各行業者。一個縣廳衙門的組成人員以及其所帶來的人口，推估可爲該地帶來近千人以上的人口。〔註 2〕

　　鳳山縣城作爲清代鳳山縣的首善之區，經過官方刻意的凝聚行政力量與軍事力量，使得新舊縣城都成爲當時地方體系中重要的中心都市。都市匯集的人潮是否對於週邊聚落也有正面的作用力，必須要從週遭聚落的發展開始逐一討論。基於上述章節討論比較的都是鳳山新舊城在清代整體歷史架構中

---

〔註 1〕　施添福，〈清代臺灣市街的分化與成長：行政、軍事和規模的相關分析（上）〉，《臺灣風物》第 39 卷第 2 期（1989 年），頁 3。

〔註 2〕　施添福，〈清代臺灣市街的分化與成長〉，《臺灣風物》第 40 卷第 1 期（1990 年），頁 37～45。

所發展出的狀況，大部份都是針對動亂所作的重大調整，本章試圖討論都市社會經濟與週邊地區發展的相關性，從道光二十七年（1847）縣城確立後，到光緒二十年（1894）之間，鳳山縣因爲開港而產生的劇變對於鳳山縣城週邊的影響。興隆舊城是護衛中國海防而被選擇的城市，而陂頭新城則是因應臺灣陸防而崛起的都市，雖然興隆舊城已失去鳳山縣治的地位，但在開港似乎是沿海城市較佔優勢的假設之下，本章便利用「打狗開港」的契機，試圖來比較新舊兩城在開港後與地方社會經濟間的關聯度，藉此觀察鳳山新舊城在開港後所受到的發展影響。

## 第一節　打狗開港後的聚落崛起

打狗開港後興隆舊城的守城汛兵在割臺前只剩下四人，事實上陂頭新城也因爲打狗開港後守城兵力有所變動，到割臺前存城汛的兵力只剩下一百一十五人，南路營扣掉外防兵力後也所剩不多，反倒是新設的打鼓山營，變成鳳山縣內擁有最大駐軍的兵營，有副將一名，領五百名兵力。〔註3〕可見打狗港開港後，鳳山縣的營制有所變化。興隆舊城崛起於其壯闊的形勢，以及距海甚近的優勢，在清初治臺以防衛東南四省的海防原則下，成爲鳳山縣治的所在地。在鳳山縣治轉往陸防中心下陂頭街之後，興隆舊城便逐漸沒落，同治二年（1863）打狗開港後，導致了新一波的市鎮興起，道理來說興隆舊城近海應該有新生的契機，以下便針對打狗開港後，對於新舊兩城的衝擊，以及新舊兩城與地方社會經濟的互動略作探討，試圖尋找出清領末期鳳山縣新舊城面對港口開放所導致的新一波發展，究竟是呈現積極的參與抑或完全沒有受到影響，來作爲此節的討論要點。

興隆舊城因爲近海優勢而興起，其附近的港道便是萬丹港（丹鳳澳），康熙五十九年之前（1720）即有防汛在此，可見其受重視的程度。〔註4〕《重修鳳山縣志》說：「萬丹港，在縣西八里。港道闊，通外海。南北小舟在此停泊貿易。」而萬丹港渡口「在興隆庄，縣西四、五里。闊約十餘丈，係內海小門。從府治渡海及濱海村莊往來，必濟斯渡。」萬丹港的位置再往西北，所

---

〔註3〕 盧德嘉，《鳳山縣采訪冊》（臺北市：臺灣銀行經濟研究室，1960年），頁142～146。

〔註4〕 陳文達，《鳳山縣志》（臺北市：臺灣銀行經濟研究室，1961年），頁7。

分出的港汊則為蟯港。〔註5〕萬丹港和蟯港原都是潟湖，而萬丹港為日後的左營軍港所在，蟯港則是現在的興達港。萬丹港的位置偏北，鳳山縣治還在興隆庄時，還曾是通往府城的重要港道，也是居民往來交易的重要渡口。清代臺灣的鄉鎮市街有三種類型，其中一種便是「西部沿海的鄉街市鎮群」，但興隆舊城不是因為港道而崛起，而是因為設治而崛起，〔註6〕嚴格來說不算是此種類，但有渡口對於交通來說也是增加了一種便利性。興隆庄不適合成為鳳山縣治的原因是「僻處海隅」，位置並非在官道必經的路線上，既然興隆庄不適合陸路的發展，或許可以改由海路發展。

前章曾提到興隆舊城附近的海口港道以打狗港（打鼓港）最為重要，由於距鹿耳門近，港道中雖然有巨石阻擋而顯得不深闊，但做為鹿耳門的旁衛則顯得更加重要。對於鳳山縣的發展來說，打狗港是「縣之鎖鑰」，其支流硫磺港、前鎮港、鳳山港，甚或是更遙遠下淡水區的東港，都是居民互通有無，海路交通貿易的主要渡口。港口邊興起的鹽業、漁業也是附近居民賴以為生的重要產業。從地圖上來看，打狗港分汊為兩入，南支流為前鎮港，再深入為鳳山港，而北入支流則為硫磺港，可撐竹筏，硫磺港的北邊不遠處就是興隆舊城，〔註7〕可見興隆舊城是介於硫磺港與萬丹港間。

咸豐八年（1858）英法聯軍之役後，清廷與英、法、俄、美四國分別簽定「天津條約」，條約中規定臺灣對外開港，以位在臺北的滬尾港（淡水）和臺灣府城的安平港（當時稱「臺灣港」）作為對外貿易的正口，條約於咸豐十年（1860）起開始生效，但事實上開港是第一任外國駐臺領事郇和至臺才正式實施。同治二年（1863），經由諸國遊說，由署理通商大臣李鴻章提出申程，向總理衙門提出「增開子口」的建議，目的則是著眼於龐大的稅金，以舒減軍費來源的困難。決議增開雞籠港作為淡水的外口，打狗港為安平外口〔註8〕，外口與子口的差別，在於子口關稅需減半，外口則同正口，於是至同治二年（1863），臺灣開港，名為兩口，事實上是四口。〔註9〕

〔註5〕 王瑛曾，《重修鳳山縣志》（臺北市：臺灣銀行經濟研究室，1962年），頁22、42。

〔註6〕 施添福，《臺灣的人口移動和雙元性服務部門》（臺灣南投：臺灣省文獻委員會，1999再版），頁22～25。

〔註7〕 洪啓文，〈從輿圖看打狗港出入航道與區街庄發展關係（1684～1895）〉，《高市文獻》第18卷第4期（2005年12月），頁31～32。

〔註8〕 打狗港原意是要作為安平港之外口，但因府城一直未開埠，所以與雞籠港都列為滬尾港的外口，而本處以原決議為主。

〔註9〕 葉振輝，《清季臺灣開埠之研究》（臺北市：作者出版，1985年），頁81～90。

　　同治二年（1863）打狗剛開港時，並未設海關，而是附屬在滬尾海關（因當時安平還未設海關），由淡水關派一人駐打狗，只作一些檢查洋船進出口艙單之事，但並不徵稅。因此前往打狗港的洋船必須先到福州關繳保證金五千或一萬兩，然後再到滬尾關或廈門關繳進口稅，最後載貨物要離開打狗港時，還要再前往廈門關或福州關繳出口稅，因過於煩瑣不便，導致洋商要求在打狗及安平設海關。於是 1864 年 5 月 5 日由洋人麥士威爾（時任海關稅務司）租用甸德洋行的一艘廢船「Pathfinder」（探路者號），作為公署與宿舍之用，至此打狗海關遂獨立於滬尾海關之外，成為獨立的海關。閩浙總督左宗棠也在 1864 年年初奏准，以府城海口淤塞，船隻不能停泊，所以不方便設海關，於是改以打狗代替府城開港。〔註10〕

　　打狗港沿岸的船貿範圍雖然南至琅嶠、後山，北至布袋，但主要還是作為楠梓以南至下淡水溪以北之鳳山平原的集散吞吐口。打狗港作為丹鳳內海的總海口，內海的分支港有鹽埕港、三塊厝港、前鎮港、竹仔港、鳳山港、紅毛港、硫磺港、田尾港、船仔頭港等港，而總以苓仔寮為貨物運至內陸之起點，腹地農產品也由苓仔寮橫越內海至打狗，由於洋行、海關、領事館的設置，更是帶動打狗港邊哨船頭庄與旂后街的崛起。〔註11〕以下討論三個在港區發展歷史悠久的聚落，其中鹽埕庄是因為曬鹽而起，苓仔寮與旂后（旗後）也是與港口產業息息相關，更在開港後達到聚落發展的高峰，從這三個街庄的興起與發展，可以逐步討論鳳山新舊城在開港後與地方社會經濟之間的關聯性。

## （一）苓仔寮（能雅寮）街

　　苓仔寮，位於今日高雄市苓雅區。位置面對著打狗灣，其地名的由來也顯示出與海洋的關聯。有一說其位在高雄港北岸中央，為河流相會之處，這一片沙地因為傳有醫百病的芳草，「苓」就是靈草，此地被視為是風水寶地，人民於此搭寮居住，並以苓草為屋，遂稱為「苓仔寮」。另一說則是因漁民在此沙汕搭寮捕魚，「苓」本作「笭」，是一種捕魚的網罟，因為居民在此補笭、曬笭，隨處可見「笭仔」，於是遂稱此地為「笭仔寮」後轉訛為「苓仔寮」，《鳳山縣采訪冊》則寫作「能雅寮」。現今的苓雅區，總共可分為四大庄頭：苓仔

---

〔註10〕葉振輝，《清季臺灣開埠之研究》，頁 164～165。

〔註11〕林玉茹，〈清末臺灣港口系統的演變：巔峰期的轉型（1861～95）〉，《臺灣文獻》第 46 卷第 1 期（1995 年 3 月），頁 107～108。

寮、過田仔、林德官、五塊厝，因苓仔寮發展最早，所以後人遂以苓雅寮統稱整個苓雅區。〔註12〕位在高雄河（硫磺港）南端的苓仔寮，正好面對著旗津半島，明鄭時旗後地方已有漢人居住，漁民增多於是逐漸移到對岸的苓仔寮居住，往來兩岸捕魚更覺方便。《雍正臺灣輿圖》上此地已被記載，可見整個苓仔寮的拓墾是東西雙向並進，靠海岸的苓仔寮地方也已成一個聚落。

事實上，因為早期居民喜歡以地形或是景觀來為聚落命名，所以會有許多地點因為地貌景觀類似，而有著相同或相似的地名。清朝時，高雄市就有兩個「苓仔寮」的地名，一個是在今日苓雅區的苓仔寮，清末稱為「能雅寮」，另一個則是在前鎮區佛公附近的苓雅寮，俗稱內苓仔寮，而苓雅區的則稱為外苓仔寮。《乾隆臺灣輿圖》中的「寧仔寮」則是內苓仔寮，因為臨近大林埔庄的瀨東鹽場而發展迅速，所以才會竄出於乾隆時期的地圖上，但其並非本文所討論的苓仔寮。〔註13〕在此圖中，同時可以看到「五塊厝」的名稱已正式出現在地圖上。而苓仔寮未出現在地圖上的原因，或是因為聚落重心已遷移到大林埔庄，所以發展逐漸緩慢下來。

打狗開港以後，苓仔寮由於位在前金港與前鎮港間，剛好是打狗港中段的部份，上接鹽埕港、下接前鎮港、鳳山港等，是港區往來的中繼站，所以貨運發達。尤其苓仔寮位置與下陂頭街的鳳山新城相近，下陂頭街為當時屏東平原米糖輸出的陸運要衝，於是打狗港—苓仔寮—下陂頭街的物資進出口路線，讓苓仔寮一躍成為重要航運孔道，在清末於是形成逐日為市的熱鬧街道—能雅寮街。〔註14〕苓仔寮也連接林德官、過田仔、五塊厝等聚落的米糖產業，透過便利的陂圳溝渠串連起來，在打狗地區成為農、漁兼俱的聚落，轉運的角色也帶動了商業的繁榮，進而有貨殖商人的興起。位在苓仔寮頂寮的順和棧，是打狗地區因為開港而貿易蓬勃的行郊之一，陳福謙利用打狗開埠，洋行雇用買辦運銷砂糖出口的契機，成為當時打狗的首富，〔註15〕也造就了苓仔寮地區商業的進步。〔註16〕

〔註12〕　杜劍鋒，《苓雅寮煙雲》（高雄市：高雄市文獻委員會，2005年），頁14～15、30。
〔註13〕　杜劍鋒，《苓雅寮煙雲》，頁31。
〔註14〕　盧德嘉，《鳳山縣采訪冊》，頁137。
〔註15〕　楊玉姿，〈清代打狗陳福謙家族的發展〉，《高市文獻》第1卷第2期（1988年9月），頁5～9。
〔註16〕　杜劍鋒，《苓雅寮煙雲》，頁33、63～64。

## （二）鹽埕庄

「鹽埕」的地名，得自於明鄭時期此地即有曬鹽的經濟活動。鹽埕的位置處於打狗灣邊接海，當時打狗灣附近有活躍的漁業活動，而鹽業則是附屬於烏魚產業的必要條件，當時鹽埕這片土地就被開闢成為鹽田，也就是沈光文在〈平臺灣序〉中提到「打鼓澳能生三倍之財，曝海水以為鹽」的主要地方，〔註17〕鹽稅也是明鄭一項主要的稅收來源。

清初領臺，將原居臺灣的明鄭官員與居民遣返回中國，導致明鄭時期的開發荒廢，而臺灣的鹽埕也都因鹽丁逃散，埕格廢壞。清代承明鄭的餘業，也將鹽稅當成是餉銀的主要來源，於是季麒光便提議將鹽田招商認稅，僱用鹽丁，把鹽田修復回到明鄭時期產鹽的榮景，以利收稅。直到海禁令取消，大量漢人移入臺灣，才又恢復生機。當時「鯽魚潭、打狗澳，漁舟雲集；洲仔尾、瀨口港，鹽格星屯。扼其險可以制患，資其利可以裕民。」〔註18〕在康熙三十九年時（1700），已陸續開闢了瀨南、洲北、洲南三個鹽場，原有之瀨口場，則改為瀨北場。一開始時，鹽業是屬於民曬民賣，鹽田的餉銀再由各縣自己徵收，可見當時鹽業尚未整合，也沒有較有規模的開發。在康熙四十九到五十九年（1710～1720）之間臺灣府到彰州府招募鹽工，隨即有福建省南靖縣的趙元、蔡媽為、黃孔等三人應募，率領鹽工二十餘人東渡來臺，在大竹橋庄打鼓澳重整鹽田，是有組織經營鹽務之始，而這片鹽田也就是瀨南鹽場的所在地。〔註19〕

瀨南鹽場的所在，就是鹽埕最早開發的地方，清領初期此地還是地勢低窪的沼澤地，在夏秋兩季由於雨水過多，常常泥濘不堪，甚少漢人在此定居。直到南靖縣人的移入在此地有組織的經營，除了曬鹽以外，還從事捕魚，並在高處乾地簡略的種一些農作物維生，於是漸漸的變成一個聚落。雍正四年（1726），清代官方為了統整原本民曬不均的鹽價，於是將臺灣的鹽田收歸公有，而鹽埕也因官方的統一管理而變得更齊整，更有規模。在雍正九年（1731）時瀨南鹽場的聚落已有一定規模，於是遂定名為「鹽埕庄」隸屬大

---

〔註17〕 沈光文，〈平臺灣序〉，收錄於：余文儀，《續修臺灣府志》（臺北市：臺灣銀行經濟研究室，1962年），頁845。

〔註18〕 黃叔璥，《臺海使槎錄》（臺北市：臺灣銀行經濟研究室，1957年），頁73。

〔註19〕 杜劍鋒，《物換星移話鹽埕》（高雄市：高雄市文獻委員會，2002年），頁15～16。

竹里。〔註 20〕雍正十三年（1735）秋天，半屏山忽然崩塌，打狗港的北源
草潭埤水道遭塞失去調節功能，故洪水漲溢後大竹里的鹽田流失，於是鹽埕
遂遷往北方的興隆庄打狗港口稱爲「打狗鹽埕」，陸續拓墾有三十六甲鹽田
之多，其後又正名爲「瀨南鹽場」。這裡需要特別提到，清領初期的瀨南鹽
場是在大竹里鹽埕庄的位置，直到雍正十三年（1737）半屏山崩後，就遷移
到北邊興隆里鹽埕埔的地方。鹽埕庄與鹽埕埔以後壁港（今大溝頂）爲界，
北爲鹽埕埔，南爲鹽埕庄。鹽埕埔在開發之初還是一片雜草叢生的荒地，比
可曬鹽的沼澤低地鹽埕庄還沒落，鹽田的移入於是逐漸帶動了發展。鹽埕埔
與鹽埕庄雖在清領時期分屬不同的行政區，但因瀨南鹽場的設置而有了共通
性，遂在日後合併成爲今日高雄市的鹽埕區。〔註 21〕「瀨南鹽場」遷離後
的鹽埕庄發展並未停滯，乾隆末年大修庄廟的事情，也顯現鹽埕庄發展已具
有一定的規模。〔註 22〕

　　清道光三年（1823），臺江內海因遭受土沙流洩，導致安平口淤塞日益
嚴重，當地的漁業因此一落千丈，漁民乃轉往澎湖和打狗謀生，或改爲魚塭
養殖。旗津（旗後）成爲漁民往來捕魚的好場所，因此更帶動對岸鹽埕的發
展。加速鹽埕快速發展的主因，則是打狗開港以後，航線南至新加坡、菲律
賓；西至汕頭、廈門；北至大連、長崎等均有船隻頻繁往返，對外貿易突飛
猛進，埠岸的鹽埕埔與哨船頭，同占地利之便，成爲內地移民及外國人旅居
之所。英、美、法、俄各國商賈，來此設商館或建貨棧，洋人對打狗的嚮往，
使得打狗港週邊也建立起不同於傳統聚落的樣貌。〔註 23〕

　　鹽埕的興起除了與鹽場的發展有關，以得利其便捷的水運功能。其中與
其息息相關的就是源於高雄縣仁武鄉八卦寮草潭埤的愛河，愛河流入打狗
港，流經不同區域，則有頭前港、大港溪、三塊厝溪等名稱之別，是古代引
海水進入鹽場的水道，各式的農產品與貨品也經由此水道將貨物集中至打狗
港輸出。鹽埕港就是愛河流經所造成的民渡，鹽埕人一般習慣將流經庄東的

〔註 20〕　高雄市文獻委員會編纂，《高雄市發展史》（高雄市：高雄市文獻委員會，1988
　　　　　年），頁 13。
〔註 21〕　曾玉昆，〈鹽埕的拓殖與發展考〉，《高雄文獻》第 22、23 期合刊（1985 年），
　　　　　頁 188～192、201。
〔註 22〕　曾玉昆，〈鹽埕區之拓殖及演變歷程之研究（上）〉，《高市文獻》第 4 卷第 2
　　　　　期（1991 年 12 月），頁 8～16。
〔註 23〕　杜劍鋒，《物換星移話鹽埕》，頁 19～22。

主流稱爲頭前港，流經庄北的支流稱爲後壁港。當時來自中國的帆船可由打狗隙經頭前港直駛停泊於三塊厝，當時下游的寬度還有今日的兩倍大，日治後才縮窄河道。〔註24〕三塊厝陸路可接南能雅寮，北渡龍水港接左營舊城，三塊厝溪水陸可聯大港庄、五塊厝、新庄仔庄達縣治鳳山新城，在打狗開港後商運更是繁榮，得以成爲新興街市。〔註25〕鹽埕位於愛河下游，連接這條便捷且商賈往來的重要水道，沿線聚落的繁華，也可得知當時鹽埕的盛況。

　　開港後，鹽埕埔因腹地寬廣，漸成爲貨物棧埠用地，也聚集眾多裝卸貨的苦力在此謀生，形成特有的勞動文化特色，各色的茶樓娼室興起，隨著打狗港務的擴大，勞動人口也逐漸增加，使得鹽埕埔一地添了不少春色，但也因爲這樣的人口結構，使得鹽埕埔在人口數、商業機能都未能與發展甚久的鹽埕庄相比。〔註26〕根據日本人於 1900 年的調查，鹽埕埔的住戶只有二十四戶，住民也只有一百二十七人，可見臨時性的勞動人口移入，對於聚落長久性的發展而言，只是曇花一現，打狗港的開港，雖加速了鹽埕人口的聚集，但在清末並未使鹽埕迅速發展，而得以成街，鹽埕的全面開發，要等到日治時期高雄港築港計畫與都市計畫並行之下，才將鹽埕帶入最繁盛的時期。〔註27〕

### （三）旂后（旗後）街

　　「旗後」是旗津的古名，旗後半島上的旗後山在數百年前原爲獨立的小島，因海潮帶下淡水溪沖刷而來的沙石堆積，漸漸形成長狀沙嘴，往半島東南端延伸，後來沙嘴逐漸與打狗陸地相連，形成約十二公里長的沙洲，因沙洲的形狀似旗桿，旗後山像旗幟，聚落在山後，故稱爲旗後半島。〔註28〕旗後半島包圍出打狗港的內海流域，是打狗港面對外界進入的第一線地方，所以旗後地區的歷史發展很早，從明末、荷治到明鄭時期就已經有許多的漁船往來捕魚，荷蘭人的地圖上還把打狗標示在旗後半島的位置，可見當時荷蘭人在打狗活動的港域是以旗後半島和打狗山附近爲主，來作爲對「打狗」一地的認知。〔註29〕

〔註24〕曾玉昆，〈鹽埕的拓殖與發展考〉，頁 211～212。

〔註25〕許玲齡，《繁華落盡話三塊厝火車站》（高雄市：高雄市政府文化局，2005 年），頁 77。

〔註26〕杜劍鋒，《物換星移話鹽埕》，頁 22。

〔註27〕曾玉昆，〈鹽埕的拓殖與發展考〉，頁 207～210。

〔註28〕施家順，〈高雄市旗津區（旗後）的發展與變遷〉，《高雄文獻》第 30、31 期合刊（1987 年 10 月），頁 144～145。

〔註29〕格斯‧舟福立（Kees Zandvliet）著、江樹生譯，《十七世紀荷蘭人繪製的臺灣

　　一開始來臺灣捕魚的漢人是屬於季節性的移民，當冬天烏魚的產季一過，他們就會回到中國的家鄉，所以尚未有聚落的產生。直到明鄭時期（永曆二十七年（1673）漁民徐阿華因為颱風而避於旗後，見此地沙汕廣闊，對於捕魚甚為便利，於是就先搭一個簡易的草寮，暫蔽風雨，後來則邀漁人洪、王、蔡、李、白、潘等六人一起在此定居捕魚，後來有十多戶入住，形成了一個小型的村落，他們以捕魚為業，風險甚大，又都早出晚歸，所以提議蓋一間媽祖廟來保佑居民的安全。從永曆二十七年（1673）到康熙三十年（1691），明鄭政權瓦解，清朝開始領臺，後來取消海禁令使漢人大量湧入臺灣，旗後的媽祖廟也因為居民開始變多且蓋在人煙稠密之處，未免有不法之徒混圈廟地，於是邀集最初到旗後定居建廟的六戶頭人，丈量廟址，以免日後有糾紛產生。〔註 30〕從媽祖廟的建成歷史，可見旗後地區從明鄭時期聚落的誕生，到清領初期已經有一定的規模，發展甚為快速。

　　旗後港與打狗港因為橫亙海中的雞心礁將水門分隔為二，所以遂有下門與上門之分，上門又稱北口近打狗，下門近旗後。〔註 31〕《重修鳳山縣志》中提到，「邑治港口，哨船、大商船可至者，唯岐後、打鼓二港。」但旗後港因為四周無屏障，風起之時無法避風，所以巨大商船到此，一定得進打狗港避風，可知當時都是從上門入港。〔註 32〕乾隆二十九（1764）年時，整個鳳山縣沿海的產業，呈現一幅欣欣向榮的景觀。「打鼓港巨艦可通，而旗後、萬丹，水利能生三倍；大林蒲漁家錯落，而東港、西溪採捕不下千戶。海坪、魚塭，港商掌而貼納本輕；灶戶、鹽埕，貨利多而徵餉從薄。」〔註 33〕旗後地區因為沙洲臨海，養殖和漁業的生利源源不絕，甚至能生三倍之利，引人趨之若鶩，港商也圖占貿易之利，紛紛前往爭利，旗後的發展不但沒有落後，反而一直加速成長，惟一直停留在區域間的於交易買賣，本質上旗後還是一個漁村。

　　打狗開港前，即有美商前往打狗，欲壟斷樟腦貿易。咸豐五年（1855）他們與臺灣道簽定協議後，即著手在打狗港修建港口，以方便巨艦進入。從

　　　　老地圖》（臺北市：漢聲雜誌社，1997 年），頁 125。
〔註 30〕吳雅芳，〈打狗港與旗後的發展（1624～1920）〉（臺灣臺南：國立臺南師範學院鄉土文化研究所碩士論文，2001 年），頁 16。
〔註 31〕臺灣銀行經濟研究室編，《臺灣府輿圖纂要》，（臺北市：臺灣銀行經濟研究室，1963 年），頁 141。
〔註 32〕王瑛曾，《重修鳳山縣志》，頁 25。
〔註 33〕王瑛曾，《重修鳳山縣志》，頁 10。

前由上門進出的船隻，因為「上門淺而多石」，美商遂壖，以後船艦進出都由下門，也就是靠近旗後港進出。美商並在港口旁建新式碼頭，可停泊五百噸級的輪船，還有新式倉庫，旗後港的重要性瞬間提升，進入另一個發展的新高峰。〔註34〕

### 圖6-1-1　同治年間（1862～1874）的旗後港圖

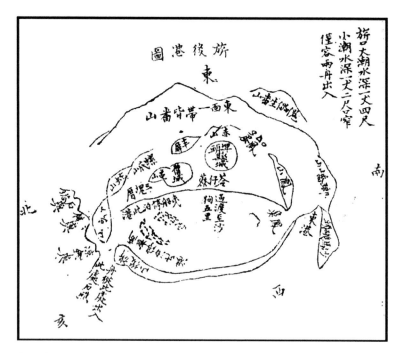

資料來源：臺灣銀行經濟研究室編，《臺灣府輿圖纂要》，頁122。

同治三年（1864），打狗正式開港，並設海關。英人在打狗設副領事館，後升格為領事館，並於同治六年（1867）遷入天利洋行位在哨船頭的洋樓。同治八年（1869）英商張怡記也在哨船頭建立稅務司，於是洋船停泊在旗後，在哨船頭海關完稅，打狗從此進入國際貿易的歷程。此時的旗後「內為通商口岸，華洋雜處，商賈雲集」，繁榮的景象不同以往，連基督教的教士馬雅各，也在此時進入旗後租屋行醫並傳教，同治六年（1867）建立了打狗地區首座西醫和教會的先驅「旗後教會」。〔註35〕

---

〔註34〕洪啟文，〈從輿圖看打狗港出入航道與區街庄發展關係（1684～1895）〉，頁37。
〔註35〕張守真、許一男主編，《旗津紀事》（高雄市：高雄市立中正文化中心管理處，1998年），頁12～13。

　　同治十三年（1874）牡丹社事件後，欽差大臣沈葆楨令駐防副將王福祿在打狗督造哨船頭礮臺與旗後礮臺，以控扼打狗港。兩者皆於光緒元年（1875）完工，哨船頭礮臺即「雄鎮北門」為清代從旗後通往舊城的門徑，為軍事要地。旗後礮臺則位於旗後山上，康熙時期即設有礮臺，安礮六尊並設有三十名守兵，到了乾隆時年久失修，道光時守兵只餘十名。鴉片戰爭時有重修過，設大礮八座，守兵加鄉勇有二百五十人，但事後又裁到只留十人防守。光緒元年（1875）英籍技師設計一座「目」字的長方形礮臺，周里半，主要牆垣為紅磚和三合土築成，共分三區。北區是操練用，厚牆內側為兵房；中區為指揮官區，有營房 22 間，彈藥庫等若干間，南區有大礮四尊。門楣上有「威震天南」四字，入口牆有磚砌囍字，至今仍保存良好，列為二級古蹟。〔註36〕

　　基於海防需要，在福建巡撫丁日昌的努力下，光緒三年（1877）興建臺南與旗後之間的電報線，並設旗後分局。隔年為了解決洋務通商糾紛，於是臺灣兵備道夏獻綸於旗後設通商分局，以辦理中外交涉事件。光緒十三年（1887），清廷於旗後碼頭設海關監督衙門，以監督服務於海關的華籍官員。因為商業的日漸擴大，為方便船隻夜間入港，光緒九年（1883）在旗後山上興建四方型新式燈塔，以利船隻進出。〔註37〕打狗開港後，洋商巨艦進出旗後港與哨船頭，帶來的人潮與商潮絡繹不絕，為了因應這些商務的需求，各項新式設備紛紛建設在第一線的旗後與哨船頭，使其成為當時最現代化的地方。旗後也因為華洋雜處，商賈雲集，在清末迅速的形成逐日為市的旂後街。〔註38〕

## 第二節　開港後新舊城與地方經濟的聯結度比較

　　苓仔寮、鹽埕、旗後都是港口週遭所興起的聚落，其中苓仔寮和旗後更在打狗開港後成為重要的商貿街市，可見在打狗開港後，造成了新一波的市街成長。《鳳山縣采訪冊》裡記載到在光緒二十年時（1894）鳳山縣內共發展出了四十八條街市，扣掉鳳山新城內的十五條街市，還有舊城僅剩的大道公街（縣前街），和乾隆年間已發展出的其他市街，新興的街市有過溝仔街、能

---

〔註36〕蔣忠益、曾玉昆編纂，《續修高雄市志：卷九，文化志文獻篇名勝古蹟篇》（高雄市：高雄市文獻委員會，1997 年），頁 131～135。
〔註37〕張守真、許一男主編，《旗津紀事》，頁 13。
〔註38〕盧德嘉，《鳳山縣采訪冊》，頁 137。

雅蓉街、三塊厝街、旗後街、頂林仔邊街、大林蒲市、仁武庄市、三奶壇市、援剿中市、右衝街、後勁街、五甲尾市、阿嗹市、竹滬市、圍仔內市、潮州庄街、東港街、下林仔邊街、水底蓉街。〔註39〕雖不能確定這些街市確實的形成時間，但能雅寮街、三塊厝街、旗後街、東港街〔註40〕都是很明顯受到開港影響的市街。

　　陂頭新城是鳳山縣境內最大的陸路轉運站，由下淡水區所運來的稻米和糖，都會運到陂頭新城來進行轉運貿易。打狗開港後，鳳山糖成為打狗港出口的大宗，面對國外的市場，大量商貿的流通較之前期更為蓬勃。下淡水地區的糖要出口，經由海路就運往東港，再乘船到打狗，經由陸路則必須到陂頭新城集結，再經由五塊厝運往打狗，於是打狗港—苓仔寮—陂頭新城的物資進出口路線，讓苓仔寮一躍成為重要航運孔道，而陂頭新城也在打狗開港，港口城市興起後，不因為居於內陸而受到冷落，反而與貿易體系相互連結，市景更形繁華。

　　在此同時，興隆舊城依舊僻於一隅，似乎未得利於打狗開港。究其原因，因為興隆舊城的位置遠離打狗港區船隻停泊的主要範圍，當時較重要的港口都分佈在打狗港的南端，位在打狗港北端的興隆舊城，曾經因為位置上太過偏僻，偏離陸路運輸的核心，導致失去了持續發展的動力，而打狗港開港後，海路運輸的重要性升起，但同樣的，興隆舊城也遠離海路發展的港口中心，位置太過偏北，距離打狗港較遠，在打狗開港以後也無法力挽狂瀾，重新繁盛。

　　臺灣的都市因為交通的困難無法有內部深層的流通，困難的陸上交通，使得地域的貨物需以人力肩挑或是牛車裝載，向海岸的港口集中，所以每一地域皆以港口市鎮為據點，發展成獨立的交易圈。〔註41〕興隆舊城與陂頭新城都在打狗港交易圈的範圍之內，與社會經濟的連結度上則是陂頭新城高於興隆舊城。

---

〔註39〕盧德嘉，《鳳山縣采訪冊》，頁136～139。。

〔註40〕東港的貿易系統主要範圍是下淡水溪以南至枋寮一帶，下淡水地區的砂糖大都集中於東港，再轉運至打狗，其既是獨立的港口系統，又與打狗有中介轉運的關係。參照：林玉茹，〈清末臺灣港口系統的演變：巔峰期的轉型（1861～95）〉，頁109。

〔註41〕施添福，《臺灣的人口移動和雙元性服務部門》，頁25～27。

# 第七章 結 論

　　鳳山縣新舊兩城的比較研究，必須放在整體清代臺灣歷史的發展脈絡來觀看。清初的治臺政策甚爲消極，起因於攻克到歸納之間，清代對於臺灣棄留問題的爭議。康熙皇帝與主張棄臺者，認爲臺灣爲彈丸之地，且僻處海隅，對於清朝的國力增加並無實際上的幫助，攻打臺灣只是爲了要消滅反清的勢力，一旦領有臺灣還要分心治理，所以認爲不如放棄方便。另一方施琅以海防觀點主張留臺。最後清朝雖然決定在臺灣設官治理，但卻是以臺灣當作東南四省屏障爲核心，並不積極治理臺灣。臺灣「不築城」的政策，更是反映了清朝對於臺灣人民的不信任，以防臺爲治臺的政策。其間由於動亂的發生，導致治臺政策的改變，雍正十一年（1733）在大甲西社番亂後，皇帝終於同意各地方政府可用莿竹圍城，也導致臺灣特殊的「竹城」現象。到了乾隆五十二年（1787）林爽文事件後，遂逐漸放寬了「不築城」的政策，到了嘉慶和道光年間各地磚石城的興築，臺灣「不築城」政策形同被正式放棄。

　　鳳山縣城作爲清初臺灣府城以南重要的行政區域，也受到「不築城」政策的影響。縣治最初位在興隆庄，是基於軍事防海的觀點而選定。康熙三十五年（1696）庄內已成街市，但縣官卻是在康熙四十三年（1704）才奉文歸治，縣城興建則是到康熙六十一年（1722）因朱一貴事件的影響，才築起土城，雍正十二年（1734）加植莿竹圍牆。乾隆五十三年（1788）林爽文事件後，興隆縣城的殘破，於是處理善後事誼的陝甘總督福康安遂建議將鳳山縣城移往五方輳集的下陂頭街，鳳山縣遂開始有新舊城之分。下陂頭街因地當中道，是往來打狗平原與下淡水區的重要孔道而崛起，在康熙末年就成爲鳳山縣的最大街市。早在雍正五年（1727）臺灣知府沈起元就提議以臺灣陸防

代替中國海防的政策走向，將鳳山縣城移往人群聚集的下陂頭街，方便治理民事，可見下陂頭街的發展已很蓬勃，在日後的發展中，更是有凌駕興隆縣城的態勢，更有「縣官治事，恒在相距十里之埤頭街」的說法。乾隆五十三年（1788）鳳山縣城終於如願遷往下陂頭街，也代表下陂頭街終於變成名實相副的縣治所在地。

嘉慶十二年（1807），蔡牽黨羽吳淮泗搶掠陂頭新城後，處理善後的福州將軍賽沖阿遂決定將鳳山縣治再度移回興隆舊城，此舉卻引起長達四十年的新舊城遷城之爭。興隆舊城在道光五年（1825）改建為磚石城，道光六年完工後，縣官還是遲遲不肯移回舊城。排除了風水之說，知縣杜紹祁並非死於任內，考究原因，實是因為舊城改建過程中設計不良，將龜山圍入城內，導致排水不良時常淹水，不適合人居。另一方面，新城因為知縣曹謹的建設，排水系統變得完善，加上人民避難心理已過，新城的位置又較優越，居住的人口又多，比起僻處海隅的舊城，人民比較傾向於居住在地形爽塏、開闊的新城。道光二十七年（1847），閩浙總督劉韻珂將視察訪談的結果上呈皇帝，最後延宕多年的鳳山縣城遷城爭議遂告落幕，鳳山縣城最終留在陂頭新城。

鳳山新舊兩城從形勢及位置上比較，興隆舊城旁有龜山、蛇山當作其左右護肩，而遠處的打鼓山則接近大海，是水師營汛的所在地，又有丹鳳澳與打鼓港相通，打鼓港作為鹿耳門的旁衛，在鹿耳門逐漸淤積後，重要性更加提升；另一方面陂頭新城是位在開闊的平原地形上，遠方有鳳彈山，雖然在風水的形勢上不如興隆舊城，但在地理位置上卻「地當中道」，位在清代臺灣的縱貫線上，成為南路交通節點上最重要的城市，所以在鳳山新城的外北門上才會題上「郡南第一關」，代表鳳山新城成為臺灣府以南最重要城市的證明。反觀興隆舊城，僻處海隅偏離重要的交通節點，導致人口的流失，所以在遷城爭議發生後，無法重新奪回原本鳳山縣首府的地位。可見鳳山新舊兩城，興隆舊城雖在風水形勢上勝出，但卻在地理位置上輸給陂頭新城，人群的聚集與民意的需求勝過風水條件所創造的「佳城」，成為主導鳳山縣城設置的重要關鍵。

從軍事地位的分析來看兩城軍事實力上的消長，南路鳳山縣所發生的七次重大事件中，下陂頭街不論是建城前後，幾乎是每次事件都成為敵人搶攻的目標，而興隆舊城則在縣城遷移後，因為僻處海隅，便被忽略不再受到戰禍的影響。從事件發生後的善後處置中，下陂頭街的鳳彈汛從原本的兵力六

十人，提高爲二百五十人，最後更是取代了興隆舊城的地位，縣城遷移到陂頭新城帶領整個南路營的移防，陂頭新城遂成爲鳳山縣兵力部署最多的地方，也證明其地位的重要性。雖然在嘉慶十二年（1807）在蔡牽事件的善後處置中，興隆舊城的近海重要性被提起，遂成爲縣城再遷的關鍵，但實際上日後的戰禍幾乎都是從內陸興起，於是陂頭新城在軍事地位上以因應臺灣動亂的陸防要道，成爲鳳山縣治最後定案的重要因素。

　　除了地理環境與軍事上的考量，城池規畫也是影響縣城居住品質的關鍵。從新舊兩城在各項機能的指標上來比較，興隆舊城在城池的堅固性中，磚石城的規格勝過新城的土城，縣學的設立搭配蓮池潭天然泮池的形制，讓舊城的文教更是獨樹一格。除了這兩項指標外，宗教與行政方面，兩者都不相上下，而陂頭新城則是在商業與排水系統上面大勝舊城。陂頭新城發展到清末街市至多有十五條，反觀舊城最熱鬧時只有六條街市，且在縣城遷移後，許多街市都無法成市，代表鳳山縣治的設治對於舊城來說是吸引人潮的關鍵，一旦政治力的移出後，舊城便迅速沒落。而舊城設計的失當排水系統的不健全，也導致人民的遷出，新城則經歷曹謹的整治，淹水的問題解決後，遂更適合人居。從各項指標中可以得出，影響鳳山縣城設置的關鍵其實是在商業與交通，而非傳統中認爲的政治與軍事佔絕大的優勢。由此也可以說，鳳山縣城最後設在新城的決議，是人民意念所影響的結果，就算政治力要強將縣治設在興隆舊城，但是眾人卻以行動來反抗，導致官方不得不聽從民意，顯示出專制政權中，民意還是統治的必要條件。

　　鳳山縣城因爲行政機構的設立，成爲影響地方經濟發展重要的行政型市鎮。廣大的基本部門人口以及隨之而來的服務人口，在供需的法則之下，引領縣城內發展出商貿繁華的市街景象。隨著縣城的遷移，興隆舊城不再聚集人氣，最後也只能衰退爲一般的鄉街。打狗開港後，興隆舊城雖距海口近，但因其位置較爲偏北，遠離打狗港區貿易的核心，無法力挽狂瀾藉開港之力再度興起。反而是陂頭新城坐擁陸路轉運站的重要位置，從下淡水區經由陸路集結而來的各式商品在此集結，再從苓仔寮運往海口輸出海外，導致陂頭新城西門附近街市的興起。陂頭新城在打狗開港後可以迅速與港口貿易產生活絡的聯結，雖然軍力被提調撥到海口城市，但陂頭新城絲毫沒有受到基本部門人口減少的影響，反而更得力於海外貿易帶來的都市繁榮。

　　經過鳳山新舊城的比較研究後，逐漸對陂頭新城得以在各個層面勝過興

隆舊城有了謹慎的了解，一個城市能夠吸引人民來居住，在鳳山縣的案例中取決的關鍵是商業的發達以及交通的便利，也就是人群聚集最基本的指標。聚集經濟的效益，讓人潮愈來愈多，並帶動地方建設的進行。陂頭新城擁有天然格局開闊的絕佳位置，這是興隆舊城不斷攀附風水或是人為興築堅固的城池都無可比擬的重要優勢，雖然屢受戰禍，卻也擋不住人民趨之若鶩的心態。

# 附　錄

## 一、藍鼎元〈復制軍論築城書〉

　　築城鑿濠，臺中第一急務，當星速舉行者也。承諭但住官兵，不用議及民居，乃因時制宜、節用愛人至意。第思設兵原以衛民，而文武衙署、倉庫監房，俱關重大，似未可俱護兵丁，而置其餘于度外也。盜賊小人，耽耽之視，惟在帑金，而同夥囚繫，則謀劫監越獄，情所必至。倉卒之際，以官為主，官無恙則法尚存，未敢遽掠民居，而民亦無驚擾潰散之患，此定理也。官無大小，失一則群情慌亂，而賊志張揚，兵威挫衂。故謀事必出萬全，雖不能多及民居，亦當合文武衙署、倉庫監房包裹在內，乃可戰可守，可以言城。

　　若謂兵既減少，城大難於照看；則內地各府縣戍守之兵，或千或百，皆有包羅衙署民居之城。況兵既二千，亦不為少，有急則住眷良民，皆可登陴協守，似無照管不周之弊。

　　但土城木城，職等再四籌咨，未見其可。臺地徹底粉沙，築之不堅，膠之不實，欲依憲論以挖濠之土，不灰不磚，而成五尺厚、二丈高之牆，萬萬不能牢固。即使勉強堆築，風雨一至，立見崩隤，將徒勞而罔功，此土寨之不可也。深山伐木，遠運以來，所費不貲。承諭內外兩重植立，以沙土實其中，復用厚板蓋頂，則必深豎密布。所需之木，何啻山積。雖暫時亦堪守禦，而歷久終歸朽蠹。蓋木性乍乾乍濕，逾年即壞，既已植築為城，半埋沙土，驕陽曝則膚理裂開，雨露濡則腐枯立見。其勞民傷財，不下灰磚，而復不能以經久，則木寨亦未善也。沙灰土三合築牆之寨，此則可行。灰可載牡蠣之

殼，築窰自燒，而沙土亦須運載。蓋必粗沙如豆米顆粒，及山間實土，方可和灰，非此處細粉沙泥可用。則工本浩大，與砌磚爲城相去無幾。

職等愚見，以爲不爲則已，爲則必要于固。土木即可權宜，錢糧總無出辦。似不如明題請旨，就臺地特開捐輸城工事例，于萬壽亭寬曠處所，用灰砌磚築一不大不小之城，將文武衙署、倉庫監房俱包在內，深鑿濠塹，密布椿簽，方爲長久至計。鳳山諸羅營縣，一例倣此行之。不知執事以爲何如？一時之勞，萬世之利也。職等凡庸識淺，以爲此事關係臺疆安危，即係國家東南沿海治亂，似不可苟且塗飾。惟執事留意焉！

## 二、仝卜年〈上劉玉坡制軍論臺灣時事書〉（摘錄「鳳山縣制」部分）

臺灣自道光十三年程前憲旋斾後，又徑一十四載。督、撫大憲每遇巡閱之年，均以有事未獲親臨；而地方情形，較之曩時迥不相同。凡在屬吏，各罹職守，不克躬詣崇轅；雖復詳稟時申，中懷莫由罄吐。幸值旄節東渡，不特東瀛父老扶杖郊迎，若大旱之望雲霓；某幸獲瞻仰尊嚴，快攄胸臆，藉將十餘年來地方之彫敝、民風之頹壞、吏治之廢弛、屬寮之苦累，得以轉移崇朝，私衷快慰，忭躍莫名！

竊查臺灣現在情形，有應覆奏更正者二、有應奏請量爲變通者四、有應亟加整頓者三、有應設法籌補者一；敬爲憲臺陳之。

一曰鳳山縣制：查鳳山縣舊制在興隆庄，康熙四十三年，知縣宋永清始設衙署；六十一年，署知縣劉光泗始築土城；雍正十二年，知縣錢洙環植莿竹；至乾隆五十一年，爲逆匪莊大田所陷；五十二年，福文襄公東渡戡亂，相度情勢，謂其地窪下，南面打鼓山、北負龜山，可環而俯瞰城內，奏移縣治於埤頭；至嘉慶十一年冬，蔡逆竄臺，鳳城失守，賽將軍奏請移回舊城；道光三年，孫前憲在撫憲任內巡臺東渡，始議建造舊城，方陸府商同鎮、道官捐以爲民倡，建築城垣；十三年，程前憲因張丙滋事過臺，札飭速議遷徙，至今並無定議。愚見：竊謂建造城池，形勝爲先；必須居中扼要，方可控制一方。興隆舊城，僻處海濱，實不足以控制全邑；即方陸府建造城池，亦有鑒於福文襄公舊議，改造舊址之南，併將龜山圍繞城內，以避俯瞰之虞，而半屏、打鼓兩山逼壓城外，俯瞰之虞仍不能免。地處沮洳，城形如釜，龜山圍在城內，每遇大雨時行，山水全注城內，無所消洩；城中泥濘難行，所建參將衙門口尤不堪託足。誠不如埤頭新城地當適中，爲南北通衢，寬闊爽敞，

可以控制全邑！曹陞令在鳳山任內，以各耆民稟請，不願移居興隆，捐貲補栽竹，建造城樓礮臺，開挖城濠，寬而且深，較之土城、磚城、石城幾無以異；視興隆舊城，固不可同年而語矣。如謂興隆舊城負山面海，有險可憑；何以乾隆五十一年竟陷於莊大田之亂？如因嘉慶十一年蔡逆竄臺、埤頭失守，遂謂埤頭不如興隆；設如嘉慶十一年縣治仍在興隆，則距海更近，蔡逆上岸，勢必先犯興隆，能保其不失乎？且其所謂負山面海，必求有可負之山、可面之海，方可籍保無虞；又何必負此海邊片石，可以俯瞰城內之山以為山、不通正口之海以為海耶？彼時賽將軍因蔡牽之變，既不免懲羹吹齏；而孫前憲渡臺兩次，並未身歷鳳山親閱形勢，僅據圖說一紙定議入奏；程前憲十三年東渡，亦未親至南路，其所差委員因事關重大，未敢擅專，故仍以騎墻之見模稜其說，不肯據實稟覆；而周陞府暨鳳山縣徐故令又未能按形勢立論，僅以堪輿風水之說，曉曉置辯，宜乎程前憲以為不入耳之談也。總之，埤頭腹心也；興隆、文賢、嘉祥、港東、港西各里，股肱手足也。腹心既正，則股肱手足呼應皆靈，捍衛自固。鎮、道往返相度，意見相浮；第情形與案卷不符，欲遷則實不可遷，不遷則以屢經奏明遷移之案又未便置之高閣。若不據實覆奏，則此案終無了局。

## 三、徐繼畬〈奏為查明鳳山縣治移駐埤頭毋庸改建石城，興隆舊城亦無須另行分防恭摺覆〉

　　聖鑒事竊查台灣鳳山縣城原建於興隆里地方，乾隆五十一年奏請移駐埤頭，插竹為城，嗣因埤頭距海較遠，又於嘉慶十一年，奏請移回興隆舊治，旋復奏明。查照舊城基址移向東北，建築石城。迨道光二十七年前督臣劉韻珂渡台閱伍，因該縣紳耆士庶聯名呈叩，各以興隆里舊城地勢如釜，居民咸苦卑濕，懇以埤頭作為縣治。當查埤頭居民多至八千餘戶，興隆居民不過五百餘家，且興隆僻處海隅，規模狹隘，埤頭地當中道，氣局寬宏，而鳳山文武員弁又向在埤頭駐箚，体察輿情，扼處形勢，均當以埤頭為鳳山縣治，遂會同臣奏懇仍援前。

　　欽差大學士公福康安奏請移駐之案，即將鳳山縣城移駐埤頭，俾免遷移而資控扼，經軍機大臣會同兵部照例核覆，並令將埤頭地方應否改建石城，興隆舊城應否另行分防，詳慎妥議，次第奏辦等，因於道光二十七年十一月十二日具奏奉。

旨依議欽此，欽遵轉行到閩，當經劉韻珂檄行台灣鎮道妥議，籌辦去後茲處台灣鎮呂恒安，台灣道徐宗幹督同台灣府裕鐸，查明埤頭種竹爲城，歷時已久，根本既極堅，茂枝葉亦甚蕃衍，其城身之鞏固寔不下於石城，若復改建磚石城垣則所需工費計甚不貲，若將興隆原有石城移建埤頭則多年料物一經折卸又未必全行合用，似不若於竹城之內，再行加築土垣，藉資捍衛。其所需土垣經費，即由該官紳等自行捐辦，無庸動項。至興隆地方原有巡檢一員、把總一弁，駐箚分防，亦無須另行添設等情，移由福建布政使慶瑞兼署按察使事督糧道尚阿本覆核無異會詳請。

奏前來臣查興隆地方原係鳳山舊治，此時縣城雖已移駐埤頭，而該處切近海濱，防禦之工本不便輕議裁撤，況興隆與埤頭相距止十五里，原建石城既可爲本地之保障，且足爲埤頭之外衛，現在埤頭地方既據該鎮道等查明舊有竹城極爲鞏固，祇須加築土垣即可藉以捍衛，自無須改建石城，亦不必將興隆舊城移建埤頭，仍責成該縣隨時補種新竹，以期日益周密。至興隆地方烟戶本屬無多，既有巡檢把總在彼駐箚，足資彈壓，巡防自可仍循其舊，無庸另議紛更，惟據稱加築土垣經費由該官紳等自行捐辦，應即責成該鎮、道、府督同該縣妥爲勸捐，趕緊興築，不准稍有抑□，亦不得稍任草率，仍於工竣後，由該鎮、道、府核寔驗收具報，除咨吏兵二部外，所有查明鳳山縣新舊二城無庸改建分防各緣由理。合恭摺覆。

奏伏乞

皇上聖鑒訓示再福建巡撫係臣本任無庸會銜合併陳明謹

奏

咸豐原年二月十一日奉

硃批知道了欽此

# 參考書目

## 一、基本史料

1. 丁曰健，《治臺必告錄》。臺北市：大通書局。原刊於同治六年（1867），1984 年。

2. 丁紹儀，《東瀛識略》。臺北市：臺灣銀行經濟研究室。原刊於同治十二年（1873），1957 年。

3. 王必昌，《重修臺灣縣志》。臺北市：臺灣銀行經濟研究室。原刊於乾隆十七年（1752），1961 年。

4. 王瑛曾，《重修鳳山縣志》。臺北市：臺灣銀行經濟研究室。原刊於乾隆二十九年（1764），1962 年。

5. 王瑛曾，《重修鳳山縣志》。臺北市：文建會。原刊於乾隆二十九年（1764），2006 年。

6. 中央研究院歷史語言研究所編，《明清史料》戊編第一、二、三本。臺北市：中央研究院歷史語言研究所，1972 年。

7. 中國第一歷史檔案館編，《雍正朝漢文硃批奏摺彙編》第三冊。上海市：江蘇古籍出版社，1986 年。

8. 伊能嘉矩著、楊南郡譯註，《臺灣踏查日記（下）》臺北市：遠流出版社，1996 年。

9. 伊能嘉矩，《臺灣文化志》。臺灣南投：臺灣省文獻委員會。原刊於日治時代，1991 年。

10. 沈有容，《閩海贈言》。臺北市：臺灣銀行經濟研究室。原刊於明末，1959 年。

11. 沈景鴻等編，《清宮月摺檔臺灣史料（一）》。臺北市：國立故宮博物院，1994 年。

12. 余文儀，《續修臺灣府志》。臺北市：臺灣銀行經濟研究室。原刊於乾隆二十九年（1764），1962 年。

13. 林樹梅，《歔雲山人文鈔》。黃哲永、吳福助主編，《全臺文》八。臺中市：文听閣。原刊於清道光年間，2007 年。

14. 周凱，《內自訟齋文選》。臺北市：臺灣銀行經濟研究室。原刊於道光二十年（1840），1960 年。

15. 周元文，《重修臺灣府志》。臺北市：大通書局。原刊於康熙五十一年（1712），1984 年。

16. 周鍾瑄，《諸羅縣志》。臺北市：臺灣銀行經濟研究室。原刊於康熙五十八年（1719），1962 年。

17. 金鋐，《福建通志臺灣府》。臺北市：大通書局。原刊於康熙二十三年（1684），1984 年。

18. 郁永河，《禪海紀遊》。臺北市：臺灣銀行經濟研究室。原刊於康熙三十六年（1697），1959 年。

19. 施琅，《靖海紀事》。臺北市：臺灣銀行經濟研究室，1961。原刊於康熙年間，1961 年。

20. 施添福總纂，《臺灣地名辭書卷五：高雄縣（第二冊)》。臺灣南投：臺灣省文獻委員會，2008 年。

21. 姚瑩，《東槎紀略》。臺北市：大通書局。原刊於道光九年（1829），1984 年。

22. 唐贊袞，《臺陽見聞錄》。臺北市：臺灣銀行經濟研究室。原刊於光緒十七年（1891），1958 年。

23. 夏征農主編，《辭海》。臺北市：臺灣東華書局，1992 年。

24. 高拱乾，《臺灣府志》三種合刊本。北京市：中華書局。原刊於康熙三十五年（1696），1985 年

25. 崑岡等修、吳樹梅等纂，《欽定大清會典》。收錄於：顧廷龍主編，《續修四庫全書・七九四・史部・政書類》。上海市：上海古籍出版社。原刊於光緒朝，2000 年。

26. 許慎，《說文解字》。北京市：九州出版社。原刊於東漢，2006 年。

27. 陳壽，《三國志》。北京市：中華書局，1959 年。

28. 陳文達，《鳳山縣志》。臺北市：臺灣銀行經濟研究室。原刊於康熙五十九年（1720），1961 年。

29. 陳文達，《臺灣縣志》。臺北市：臺灣銀行經濟研究室。原刊於康熙五十九年（1720），1961 年。

30. 連橫，《臺灣通史》。臺北市：臺灣銀行經濟研究室。原刊於大正九年

（1920），1962 年。

31. 斐大中等修、秦緗業等纂，《無錫金匱縣志》。臺北市：成文出版社影印。原刊於光緒七年（1881），1970 年。

32. 賀長齡，《皇朝經世文編》。臺北市：國風出版社。原刊於道光六年（1826），1963 年。

33. 黃叔璥，《臺海使槎錄》。臺北市：大通書局。原刊於康熙六十一年（1722），1984 年。

34. 楊英，《從征實錄》。臺北市：臺灣銀行經濟研究室。原刊於明永曆三十四年（1680），1958 年。

35. 臺灣銀行經濟研究室編，《欽定平定臺灣紀略》。臺北市：臺灣銀行經濟研究室，1961 年。

36. 臺灣銀行經濟研究室編，《臺灣府輿圖纂要》。臺北市：臺灣銀行經濟研究室。原刊於同治年間（1862～1874），1963 年。

37. 臺灣銀行經濟研究室編，《清聖祖實錄選輯》。臺北市：臺灣銀行經濟研究室，1963 年。

38. 臺灣銀行經濟研究室編，《臺案彙錄丁集》。臺北市：臺灣銀行經濟研究室，1963 年。

39. 臺灣銀行經濟研究室編，《清仁宗實錄選輯》。臺北市：臺灣銀行經濟研究室，1963 年。

40. 臺灣銀行經濟研究室編，《臺案彙錄己集》。臺北市：臺灣銀行經濟研究室，1964 年。

41. 臺灣銀行經濟研究室編，《清高宗實錄選輯》。臺北市：臺灣銀行經濟研究室，1964 年。

42. 臺灣銀行經濟研究室編，《臺灣南部碑文集成》。臺北市：臺灣銀行經濟研究室，1966 年。

43. 臺灣銀行經濟研究室編，《清經世文編選錄》。臺北市：臺灣銀行經濟研究室，1966 年。

44. 臺灣銀行經濟研究室編，《雍正硃批奏摺選輯》。臺北市：臺灣銀行經濟研究室，1972 年。

45. 鳳山市公所，《鳳山市志》。臺灣高雄：鳳山市公所，1987 年。

46. 蔣毓英，《臺灣府志》三種合刊本。北京市：中華書局。原刊於康熙二十六年（1687），1985 年。

47. 蔣忠益、曾玉昆編纂，《續修高雄市志：卷九，文化志文獻篇名勝古蹟篇》。高雄市：高雄市文獻委員會，1997 年。

48. 諸家，《臺灣采訪冊》。臺北市：臺灣銀行經濟研究室，1959。原刊於道光

十年（1830），1959 年。

49. 諸家，《臺灣遊記》。臺北市：臺灣銀行經濟研究室，1960 年。

50. 盧德嘉，《鳳山縣采訪冊》。臺北市：臺灣銀行經濟研究室。原刊於光緒二十年（1894），1960 年。

51. 簡炯仁總纂，《鳳山市志》。臺灣高雄：鳳山市公所，2004 年。

52. 魏青江，《宅譜大成》。臺北市：集文書局。原刊於清代，1985 年。

53. 藍鼎元，《平臺紀略》。臺灣南投：臺灣省文獻委員會。原刊於雍正元年（1723），1997 年。

54. 藍鼎元，《東征集》。臺灣南投：臺灣省文獻委員會。原刊於雍正元年（1723），1997 年。

## 二、專書與論文集

1. 杜劍鋒，《物換星移話鹽埕》。高雄市：高雄市文獻委員會，2002 年。

2. 杜劍鋒，《苓雅寮煙雲》。高雄市：高雄市文獻委員會，2005 年。

3. 杜劍鋒，《舊城滄桑——鳳山縣舊城建城 180 年懷舊》。高雄市：高雄市文獻委員會，2006 年。

4. 李乾朗，《鳳山縣舊城調查研究》。李乾朗古建築研究室，1987 年。

5. 李乾朗，《鳳山縣城殘蹟調查研究》。臺灣高雄：高雄縣政府，1995 年。

6. 李乾朗，《鳳山鳳儀書院調查研究》。臺灣高雄：高雄縣政府，1996 年。

7. 李乾朗，《臺灣古建築圖解事典》。臺北市：遠流出版社，2003 年。

8. 吳進喜、李明賢、許淑娟，《高雄縣聚落發展史》。臺灣高雄：高雄縣政府，1997 年。

9. 洪英聖編著，《畫說康熙臺灣輿圖》。臺北市：聯經出版社，2002 年。

10. 施添福，《臺灣的人口移動和雙元性服務部門》。臺灣南投：臺灣省文獻委員會，1999 年再版。

11. 格斯・舟福立（Kees Zandvliet）著、江樹生譯，《十七世紀荷蘭人繪製的臺灣老地圖》。臺北市：漢聲雜誌社，1997 年。

12. 高雄市文獻委員會編纂，《高雄市發展史》。高雄市：高雄市文獻委員會，1988 年。

13. 曹永和，《臺灣早期歷史研究》。臺北市：聯經出版社，1979 年。

14. 張守真、許一男主編，《旗津紀事》。高雄市：高雄市立中正文化中心管理處，1998 年。

15. 許雪姬，《清代臺灣的綠營》。臺北市：中央研究院近代史研究所，1987 年。

16. 許玲齡，《繁華落盡話三塊厝火車站》。高雄市：高雄市政府文化局，2005

年。

17. 陳正祥，《中國文化地理》。臺北市：木鐸出版社，1985 年。

18. 陳正祥，《臺灣地誌》。臺北市：南天書局，1993 年二版。

19. 陳漢光、賴永祥編，《北臺古輿圖集》。臺北市：臺北市文獻委員會，1957 年。

20. 黃富三、曹永和主編，《臺灣史論叢》第一輯。臺北市：眾文圖書公司，1980 年。

21. 黃康顯主編，《近代臺灣的社會發展與民族意識》。香港九龍；香港大學校外課程部，1987 年。

22. 曾玉昆，《高雄市地名探源（增訂版）》。高雄市：高雄市文獻委員會，2004 年再版。

23. 葉振輝，《清季臺灣開埠之研究》。臺北市：作者出版，1985 年。

24. 楊玉姿，《高雄開發史》。高雄市：高雄市文獻委員會，2005 年。

25. 詹素娟、潘英海主編，《平埔族群與臺灣歷史文化論文集》。臺北市：中央研究院臺灣史研究所籌備處，2001 年。

26. 鳳邑赤山文史工作室編，《高縣文獻─曹公圳的故事》。臺灣高雄：高雄縣政府文化局，2007 年。

27. 劉益昌，《歷史的左營腳步──從舊城考古談起》。高雄市：高雄市政府文化局，2008 年。

28. 鄭永萍編，《高雄研究學報：（2000）高雄研究研討會論文集》。高雄市：春暉出版社，2001 年。

29. 簡炯仁，《高雄縣的開發與族群關係》。臺灣高雄：高雄縣文化局，1998 年。

30. 簡炯仁，《高雄縣岡山地區的開發與族羣關係》。臺北市：文建會，2002 年。

31. 簡炯仁，《屏東平原先人的開發》。臺灣屏東：屏東縣政府文化局，2006 年。

32. 戴文鋒，《萬年縣治所考辨》。臺灣臺南：臺南縣政府，2009 年。

33. 戴震宇，《臺灣的城門與砲臺》。臺灣臺北：遠足文化公司，2001 年。

34. 顏尚文、李若文主編，《「南臺灣鄉土文化」學術研討會論文集》。臺灣嘉義：國立中正大學歷史學系暨研究所，2000 年。

## 三、期刊論文

1. 石萬壽〈臺灣棄留議新探〉，《臺灣文獻》第 53 卷第 4 期，，2002 年 12 月。

2. 田金昌，〈清初民變與治臺政策關係—以林爽文事件爲例〉，《史匯》第 10 期，2006 年 9 月。

3. Macabe Keliher 克禮，〈施琅的故事——清朝爲何佔領臺灣〉，《臺灣文獻》第 53 卷第 4 期，2002 年 12 月。

4. 林玉茹，〈清末臺灣港口系統的演變：巔峰期的轉型（1861～95）〉，《臺灣文獻》第 46 卷第 1 期，1995 年 3 月。

5. 姜道章，〈十八世紀及十九世紀臺灣營建的古城〉，《南洋大學學報》第 1 期，1967 年。

6. 施添福，〈清代臺灣市街的分化與成長：行政、軍事和規模的相關分析（上）〉，《臺灣風物》第 39 卷第 2 期，1989 年。

7. 施添福，〈清代臺灣市街的分化與成長〉，《臺灣風物》第 40 卷第 1 期，1990 年。

8. 施家順，〈高雄市旗津區（旗後）的發展與變遷〉，《高雄文獻》第 30、31 期合刊，1987 年 10 月。

9. 洪健榮，〈塑造境域「佳城」：清代臺灣設治築城的風水考量〉，《臺北文獻》直字第 155 期，2006 年 3 月。

10. 洪健榮，〈清代臺灣文教發展與風水習俗的關聯（下）〉，《臺灣風物》第 55 卷第 3 期，2005 年 9 月。

11. 洪啓文，〈從輿圖看打狗港出入航道與區街庄發展關係（1684～1895）〉，《高市文獻》第 18 卷第 4 期，2005 年 12 月。

12. 浦廉一著、賴永祥譯，〈清初遷界令考〉，《臺灣文獻》第 6 卷第 4 期，1955 年 12 月。

13. 徐雪霞，〈明鄭時期漢人在臺灣的拓展〉，《臺南文化》新 18 期。，1984 年 12 月

14. 陳漢光，〈鄭氏復臺與其開墾〉，《臺灣文獻》第 12 卷第 1 期，1961 年 3 月。

15. 莊金德，〈清初嚴禁沿海人民偷渡來臺始末（上）〉，《臺灣文獻》第 15 卷第 3 期，1964 年 9 月。

16. 莊金德，〈清初嚴禁沿海人民偷渡來臺始末（下）〉，《臺灣文獻》第 15 卷第 4 期，1964 年 12 月。

17. 許雪姬、劉淑芬、方惠芳，〈清代鳳山縣的研究〉，《高雄文獻》第 23、24 期合刊，1985 年。

18. 張菼，〈清代初期治臺政策的檢討〉，《臺灣文獻》第 21 卷第 1 期，1970 年 3 月。

19. 張菼，〈臺灣反清事件的不同性質及其分類問題（上）〉，《臺灣文獻》第 26 卷第 2 期，1975 年 6 月。

20. 張雄潮,〈清代臺灣民變迭起迅滅的因素〉,《臺灣文獻》第 15 卷第 4 期,
    1964 年 12 月。

21. 張明雄,〈康熙年間清廷治臺政策及其檢討〉,《臺北文獻》直字第 74 期,
    1985 年。

22. 張守眞,〈康熙領臺時期鳳山縣治設置問題探討〉,《高縣文獻》第 11 期,
    1991 年 11 月。

23. 張守眞,〈左營興隆莊縣城淪爲舊城原因初探〉,《高市文獻》第 10 卷第 1
    期,1997 年。

24. 張瑞津、石再添、陳翰霖,〈臺灣西南部嘉南平原的海岸變遷研究〉,《師
    大地理研究報告》第 28 期,1998 年。

25. 黃秀政,清代治臺政策的再檢討:以渡臺禁令爲例〉,《文史學報》第 20
    期,1990 年 3 月〈。

26. 黃建敏,〈臺灣的城與堡〉,《建築師》第 5 卷第 5 期,1979 年。

27. 曾玉昆,〈鹽埕的拓殖與發展考〉,《高雄文獻》第 22、23 期合刊,1985
    年。

28. 曾玉昆,〈大高雄地區行政區域沿革誌(一):舊「鳳山縣」屬地之疆界變
    遷與區域沿革〉,《高市文獻》第 1 卷第 4 期,1989 年 3 月。

29. 曾玉昆,〈鹽埕區之拓殖及演變歷程之研究(上)〉,《高市文獻》第 4 卷第
    2 期,1991 年 12 月。

30. 曾玉昆,〈鳳山縣城建城史之探討〉,《高市文獻》第 9 卷第 1 期,1996 年。

31. 溫振華,〈清代臺灣的建城與防衛體系的演變〉,《國立臺灣師範大學歷史
    學報》第 13 期,1985 年。

32. 楊玉姿,〈清代打狗陳福謙家族的發展〉,《高市文獻》第 1 卷第 2 期,1988
    年 9 月。

33. 劉淑芬,〈清代臺灣的築城〉,《食貨月刊》第 14 卷第 11、12 期,1985 年
    3 月。

34. 簡炯仁,〈「打狗社」平埔族遷徙到「阿猴社」路線之初探〉,《高縣文獻》
    第 13 期,1993 年。

35. 簡炯仁,〈清代鳳山縣最大街市「下陂頭街」崛起初探〉,《高市文獻》第
    15 卷第 2 期,2002 年 6 月。

36. 簡炯仁,〈歷史篇:高雄地區的開發〉,《高縣文獻》第 27 期,2008 年。

37. 蕭道明,〈民間社會與臺灣的築城運動(1810〜1836)〉,《臺灣風物》第
    53 卷第 3 期,2003 年 9 月。

38. 謝紀康,〈清季對臺政策的探討:從海禁到防臺〉,《臺南女院學報》第 24
    期,2005 年 10 月。

## 四、學位論文

1. 吉申君，〈清代臺灣防禦性城市之建城原則〉。臺灣臺南：國立成功大學建築研究所碩士論文，2008 年。

2. 吳雅芳，〈打狗港與旗後的發展（1624～1920）〉。臺灣臺南：國立臺南師範學院鄉土文化研究所碩士論文，2001 年。

3. 周郁森，〈清代臺灣城牆興築之研究〉。臺灣臺南：國立成功大學建築學系碩士論文，2003 年。

4. 林佩諭，〈鳳山縣舊城及週遭聚落變遷之研究（1661～1970）〉。臺灣臺南：國立成功大學建築系碩士論文，2002 年。

5. 張朝隆，〈清朝鳳山縣治遷移之研究〉。臺灣臺南：國立成功大學歷史學系碩士論文，2001 年。

6. 黃智偉，〈統治之道——清代臺灣的縱貫線〉。臺北市：國立臺灣大學歷史學研究所碩士論文，1999 年。

7. 黃琡玲，〈臺灣清代城內官制建築研究〉。臺灣桃園：中原大學建築學系碩士論文，2001 年。

8. 曾怡菁，〈大高雄地區之城街發展〉。臺北市：國立臺灣師範大學歷史學系碩士論文，2004 年。

9. 蕭道明，〈清代鳳山縣城的營建〉。臺灣南投：國立暨南國際大學歷史學系碩士論文，2000 年。

10. 羅千倫，〈軍事城寨的內化與外擴——鳳山市街發展的研究〉。臺灣臺南：國立臺南大學臺灣文化研究所碩士論文，2008 年。